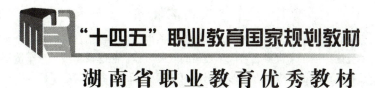

"十四五"职业教育国家规划教材

湖南省职业教育优秀教材

汽车文化

（第2版）

主　编　刘毅斌
副主编　吴　聪　封雄辉

北京理工大学出版社
BEIJING INSTITUTE OF TECHNOLOGY PRESS

内 容 简 介

本书为配合职业学校汽车专业的教学而编写,主要内容包括汽车的发明与发展、汽车的基本结构、汽车的基本性能;展示了世界著名汽车公司的发展历程、品牌及车型、汽车造型与色彩;涵盖了汽车展览、汽车竞赛、汽车鉴赏等多方面的知识;涉及汽车业的著名人物、事件,以及影响汽车发展的著名车型。本书充分体现了汽车的历史性、知识性和趣味性,图文并茂,内容丰富,汽车文化和常识融会贯通,便于学习和掌握,是一本综合性的教材。通过对本书的学习,读者可扩展专业知识,激发专业兴趣,增强对汽车的爱好和了解,提高汽车鉴赏能力,满足了解汽车技术概况的愿望。

本书适用于职业学校汽车专业课程教学,也适用于不同专业、层次对汽车感兴趣、想了解和使用汽车的人士使用。

版权专有　侵权必究

图书在版编目（CIP）数据

汽车文化 / 刘毅斌主编. —2版. —北京：北京理工大学出版社，2023.7重印
ISBN 978-7-5682-7833-1

Ⅰ.①汽…　Ⅱ.①刘…　Ⅲ.①汽车-文化-中等专业学校-教材　Ⅳ.①U46-05

中国版本图书馆CIP数据核字（2019）第243876号

出版发行 /	北京理工大学出版社有限责任公司
社　　址 /	北京市海淀区中关村南大街5号
邮　　编 /	100081
电　　话 /	（010）68914775（总编室）
	（010）82562903（教材售后服务热线）
	（010）68944723（其他图书服务热线）
网　　址 /	http：//www.bitpress.com.cn
经　　销 /	全国各地新华书店
印　　刷 /	定州市新华印刷有限公司
开　　本 /	787毫米×1092毫米　1/16
印　　张 /	9.75
字　　数 /	223千字
版　　次 /	2023年7月第2版第6次印刷
定　　价 /	29.80元

责任编辑 /	陆世立
文案编辑 /	陆世立
责任校对 /	周瑞红
责任印制 /	边心超

图书出现印装质量问题，请拨打售后服务热线，本社负责调换

前言
FOREWORD

汽车的发明是人类文明史上重要的里程碑。汽车不仅改变了人们的交通方式，也深刻影响着人们的日常生活。汽车工业的发展为社会创造了丰富的物质财富和大量的就业机会，同时，还不断地创造出丰富多彩的精神财富，形成了独具特色的汽车文化。汽车文化的教育对提高汽车专业人才的综合素质具有十分重要的意义。

党的二十大指出："加快建设制造强国、质量强国、航天强国、交通强国、网络强国、数字中国。""推动战略性新兴产业融合集群发展，构建新一代信息技术、人工智能、生物技术、新能源、新材料、高端装备、绿色环保等一批新的增长引擎。"汽车不管是在新能源方面还是在制造业、道路交通方面都是重要的参与者。本书以汽车制造、维修及服务行业人才需求为依据，以就业为导向，以能力为本位，以提高学生职业素养为宗旨。主要内容包括汽车的发明与发展、汽车的基本结构、汽车的基本性能；展示了世界著名汽车公司的发展历程、品牌及车型、汽车造型与色彩；涵盖了汽车展览、汽车竞赛、汽车鉴赏等多方面的知识；涉及汽车业的著名人物、事件，以及影响汽车发展的著名车型。本书充分体现了汽车的历史性、知识性和趣味性，图文并茂，内容丰富，汽车文化和常识融会贯通，便于学习和掌握，是一本综合性的教材。

FOREWORD

通过对本书的学习，读者可扩展专业知识，激发专业兴趣，增强对汽车的爱好和了解，提高汽车鉴赏能力，满足了解汽车发展历程以及技术概况的愿望。

本书由湖南省工业贸易学校刘毅斌任主编，湖南省工业贸易学校吴聪、封雄辉任副主编。

本书在编写的过程中，参考了部分同类教材、相关论文及专著，在此对有关作者一并表示衷心的感谢！由于时间仓促，加上水平有限，书中难免会有不足之处，恳请广大读者对本书提出宝贵的建议和意见，以便再版时改正。

编 者

课程思政教学设计方案

"汽车文化"课程是汽车专业基础课程,具有鲜明的学科教学特色。课程内容既有现代汽车构造、新技术等汽车工程学科基础知识,又有汽车发展、世界汽车鉴赏、汽车运动等人文历史内容。教师在教学过程中可以结合教材内容强化爱国主义教育,注重培养学生民族自尊心和自信心,弘扬积极向上、爱岗敬业、诚实守信、精益求精的工匠精神和创新精神,使学生能够形成正确的汽车审美观、消费观。通过对汽车排放公害教学环节的学习增强学生环境保护的社会责任感。整个课程无时不刻有针对性地融入思政,丰富了教学内容也促进了学生的身心健康发展。

一、课程思政注重学生职业素养和爱国情怀的培养

各个教学课题均融入了思政,着重培养以下素养:
1. 培养学生民族自尊心、自信心,激发学生民族自豪感和爱国主义情怀;
2. 树立学生正确的人生观、价值观、世界观,提高社会责任感;
3. 培养团队协作、爱岗敬业、精益求精的工匠精神;
4. 开拓学生视野,提升审美素养;
5. 培养学生的创新思维,无限发掘学生的想象力。

课程思政教学设计

序号	教学课题	课程思政目标	思政融入点	授课形式与方法	实施内容
1	汽车发展概述	了解中国的灿烂文化,培养学生的民族自尊心和自信心	中国汽车发展的曲折与艰辛	以多媒体形式展现中国的力量	多媒体资料:汽车百年之中国力量
2	汽车基础知识	培养团结协作、爱岗敬业、精益求精的工匠精神	汽车制造过程中所体现的工匠精神	以多媒体形式展现中国制造	多媒体资料: 1.2021看见中国汽车 2.大国工匠:技能报国
3	世界著名汽车厂商及车标	开拓学生视野,宣扬中国精神和中国速度,激发学生的爱国情怀	中国自主品牌的崛起,吉利并购沃尔沃等汽车工业上的成功案例	课堂讨论	针对国产汽车自主品牌的崛起,发起国产车能脱颖而出的原因有哪些的讨论
4	汽车造型与色彩	提升学生的汽车审美素养	汽车造型千姿百态、色彩琳琅满目,每个人的审美都不一样	学生提交关于汽车造型与色彩的文章	学生选取自己最喜爱的某款车型从造型和色彩方面进行分析,写一篇表达自己观点的文章
5	汽车运动与展览	开拓学生视野、培养学生正确的汽车消费观、汽车价值观	每年车展都会展出新款或畅销车型,概念车型则体现了汽车未来的发展方向	1.学生可在教师的带领下或是自行就近参加车展 2.参观当地汽车4S店	每年各地区有1~2次车展,教师可带领学生就近参加当地汽车展览,也可参观当地汽车4S店

续表

序号	教学课题	课程思政目标	思政融入点	授课形式与方法	实施内容
6	汽车公害与排放	倡导绿色出行与可持续发展、人与自然和谐发展	汽车污染问题日益凸显,保护环境势在必行,从身边做起践行人与自然的和谐发展	分组讨论并发表观点	提倡绿色出行,我们可以从哪些方面改变出行方式,你真的能做到吗?
7	汽车展望	开拓学生的创新思维、无限发掘学生的想象力	新能源汽车、无人驾驶等智能系统汽车的飞速发展靠的正是人类无限的想象与创新	1. 以多媒体形式展现未来汽车发展的无限可能 2. 课堂讨论	1. 多媒体资料:汽车百年之联 2. 讨论:你想象中的未来汽车是什么样?

二、课程思政实施形式多样化

根据教材中每个课题的内容不同采用相应的方式融入课程思政,有观看汽车百年、大国汽车工匠等多媒体资料的形式,有采用课堂讨论、分组讨论、论文提交的形式,有实地参观切实感受的形式。每一种思政的融入无不以立德树人为教育初心,以理想信念为教育根本,以社会主义核心价值观养成为目标,着力培养能担当中华民族伟大复兴重任的新时代社会主义建设者。

三、课程思政多媒体资料

课题	多媒体资料名称	视频案例二维码	备注
汽车发展概述	汽车百年之中国力量		
汽车基础知识	2021看见中国汽车		
	大国工匠:技能报国		
汽车展望	汽车百年之联		

目录
CONTENTS

课题一　汽车发展概述……………… 1

 任务一　汽车的起源与发展…………… 1
  一、汽车的早期探索…………………… 1
  二、汽车的诞生………………………… 3
  三、汽车的发展………………………… 6

 任务二　中国汽车工业的探索与发展…… 9
  一、旧中国的探索发展阶段（1901—
   1949年）……………………………… 9
  二、新中国计划经济发展阶段………… 10
  三、改革开放后的全面发展阶段……… 15

 任务三　中国最具历史意义的车型欣赏
  ………………………………………… 18

课题二　汽车基础知识………………… 23

 任务一　汽车的分类与编码…………… 23
  一、汽车的分类………………………… 23
  二、汽车编码…………………………… 28

 任务二　汽车总体构造………………… 32
  一、汽车发动机………………………… 32
  二、汽车底盘…………………………… 38
  三、汽车车身…………………………… 42
  四、汽车电器…………………………… 44

课题三　世界著名汽车厂商及车标…… 48

 任务一　德国汽车公司及车标………… 49
  一、大众汽车公司及车标……………… 49
  二、奔驰汽车公司及车标……………… 51
  三、宝马汽车公司及车标……………… 53

 任务二　美国汽车公司及车标………… 56
  一、通用汽车公司及车标……………… 56
  二、福特汽车公司及车标……………… 58
  三、克莱斯勒汽车公司及车标………… 60
  四、特斯拉公司及标志………………… 61

 任务三　日本汽车公司及车标………… 62
  一、丰田汽车公司及车标……………… 62
  二、本田汽车公司及车标……………… 63
  三、日产汽车公司及车标……………… 65
  四、三菱汽车公司及车标……………… 66
  五、马自达汽车公司及车标…………… 67

 任务四　法国汽车公司及车标………… 69
  标致-雪铁龙汽车公司及车标………… 69

 任务五　意大利汽车公司及车标……… 71
  菲亚特汽车公司及车标………………… 71

 任务六　中国著名汽车公司、品牌及车标 74
  一、第一汽车集团公司、品牌及车标… 74
  二、北京汽车工业控股有限责任公司、品
   牌及车标…………………………… 77
  三、上海汽车工业（集团）总公司、品牌
   及车标……………………………… 78
  四、广州汽车工业集团有限公司、品牌及
   车标………………………………… 80
  五、长安汽车集团公司、品牌及车标… 81
  六、比亚迪汽车公司…………………… 82

七、吉利汽车公司⋯⋯⋯⋯⋯⋯⋯⋯ 83
　　八、奇瑞汽车公司⋯⋯⋯⋯⋯⋯⋯⋯ 84
　　九、蔚来汽车⋯⋯⋯⋯⋯⋯⋯⋯⋯⋯ 85
　　十、小鹏汽车⋯⋯⋯⋯⋯⋯⋯⋯⋯⋯ 85

课题四　汽车造型与色彩⋯⋯⋯⋯⋯⋯ 87
　任务一　汽车造型⋯⋯⋯⋯⋯⋯⋯⋯⋯ 87
　　一、汽车造型⋯⋯⋯⋯⋯⋯⋯⋯⋯⋯ 87
　　二、汽车开发设计⋯⋯⋯⋯⋯⋯⋯⋯ 91
　任务二　汽车色彩⋯⋯⋯⋯⋯⋯⋯⋯⋯ 97
　　一、色彩视觉心理及心理联想⋯⋯⋯ 97
　　二、色彩与交通安全⋯⋯⋯⋯⋯⋯⋯ 98

课题五　汽车运动与展览⋯⋯⋯⋯⋯⋯ 100
　任务一　汽车运动⋯⋯⋯⋯⋯⋯⋯⋯⋯ 100
　　一、汽车运动的起源⋯⋯⋯⋯⋯⋯⋯ 101
　　二、著名的汽车运动⋯⋯⋯⋯⋯⋯⋯ 102
　任务二　汽车展览⋯⋯⋯⋯⋯⋯⋯⋯⋯ 107
　　一、巴黎车展⋯⋯⋯⋯⋯⋯⋯⋯⋯⋯ 107
　　二、日内瓦国际汽车展⋯⋯⋯⋯⋯⋯ 108
　　三、法兰克福车展⋯⋯⋯⋯⋯⋯⋯⋯ 109
　　四、北美车展⋯⋯⋯⋯⋯⋯⋯⋯⋯⋯ 110
　　五、东京车展⋯⋯⋯⋯⋯⋯⋯⋯⋯⋯ 111
　任务三　汽车俱乐部⋯⋯⋯⋯⋯⋯⋯⋯ 114
　　一、汽车俱乐部的起源⋯⋯⋯⋯⋯⋯ 114
　　二、我国汽车俱乐部的起源、现状和
　　　　趋势⋯⋯⋯⋯⋯⋯⋯⋯⋯⋯⋯⋯ 114
　　三、世界各国俱乐部简介⋯⋯⋯⋯⋯ 116

课题六　汽车公害与排放⋯⋯⋯⋯⋯⋯ 118
　任务一　汽车公害⋯⋯⋯⋯⋯⋯⋯⋯⋯ 118
　　一、汽车交通安全⋯⋯⋯⋯⋯⋯⋯⋯ 118
　　二、汽车尾气污染⋯⋯⋯⋯⋯⋯⋯⋯ 120
　　三、汽车噪声污染⋯⋯⋯⋯⋯⋯⋯⋯ 122
　任务二　汽车排放标准⋯⋯⋯⋯⋯⋯⋯ 124
　　一、我国汽车排放标准⋯⋯⋯⋯⋯⋯ 124
　　二、欧洲汽车排放标准⋯⋯⋯⋯⋯⋯ 126

课题七　汽车展望⋯⋯⋯⋯⋯⋯⋯⋯⋯ 128
　任务一　汽车新发展⋯⋯⋯⋯⋯⋯⋯⋯ 128
　任务二　汽车新技术⋯⋯⋯⋯⋯⋯⋯⋯ 131
　任务三　汽车新能源⋯⋯⋯⋯⋯⋯⋯⋯ 135

附录一　车标大全⋯⋯⋯⋯⋯⋯⋯⋯⋯ 139

附录二　欧洲汽车排放标准⋯⋯⋯⋯⋯ 144

参考文献⋯⋯⋯⋯⋯⋯⋯⋯⋯⋯⋯⋯⋯ 148

课题一　汽车发展概述

● 【任务目标】

　　1. 了解汽车的诞生与发展
　　2. 了解中国汽车工业的探索之路与发展历程

● 【任务描述】

　　汽车自19世纪末诞生以来,已经走过了风风雨雨的100多年。从卡尔·本茨造出的第一辆18公里①/小时的三轮汽车,跑到现在,竟然诞生了百公里加速只需要3秒钟多一点的超级跑车。这100年,汽车发展的速度是如此惊人,从无到有,从有到发展完善,包含着心酸与喜悦。让我们一起来回望这段历史,体会汽车给我们带来的种种欢乐与梦想。

● 【课时计划】

序号	计划内容	参考用时	备注
1	汽车的起源与发展	2	
2	中国汽车工业探索与发展	1	
3	中国最具历史意义车型欣赏	1	

任务一　汽车的起源与发展

一、汽车的早期探索

　　轮是一种圆形的物体,通过滚动,轮可以减少与地面的摩擦。如果配上轴,即成为车

---

① 1公里=1千米。

的最主要构成部分。约在公元前4000年，北欧人发明了撬，人们用滑动实现了运输方式的一次飞跃。约在公元前3000年，中亚人发明了车轮，最早的车轮是从粗木上锯下来的圆木头，这将人类的运输方式从滑动转变为滚动（见图1.1.1）。

图1.1.1　车轮

到了罗马帝国时代，西欧的塞尔人制造出第一辆轴可旋转的单轮车（见图1.1.2）。

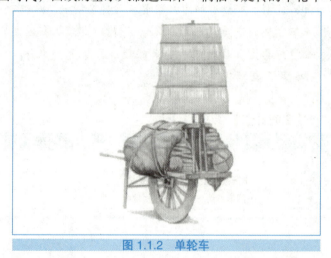

图1.1.2　单轮车

公元230年，诸葛亮为了北伐曹魏，创造了"木牛流马"（见图1.1.3），在中国的历史上，这种形式的车子曾经得到过极为广泛的应用。

图1.1.3　木马流车

到了公元9世纪，法兰克人发明了牛车。图1.1.4为畜力车。

任务一 汽车的起源与发展

图 1.1.4 畜力车

由于没有其他合适的动力来取代马，马车时代一直延续了三四千年。然而马车孕育了汽车，它具备了早期汽车的基本结构：动力源、车轮、车厢、悬架和制动系统。

二、汽车的诞生

无论是人力车还是马车，由于其动力的限制，都无法满足人们的使用要求。人类开始寻找更适合的动力机械。

1420年，英国人发明了滑轮车（见图1.1.5）。

1600年，荷兰数学家西蒙·斯蒂文（Simon Stevin）制造出双桅风车（见图1.1.6），借助风力最高车速可达24千米/小时。利用风力做动力的车是人类向车辆自动行驶方面迈出的重要一步。

图 1.1.5 滑轮车

图 1.1.6 双桅风车

1630年，法国人汉斯·赫丘发明了发条车（见图1.1.7）。

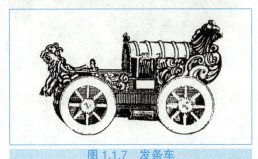

图 1.1.7 发条车

3

16世纪末到17世纪后期，英国的采矿业，特别是煤矿，已发展到相当的规模，单靠人力、畜力已难以满足排除矿井地下水的要求。1711年，苏格兰一名叫作托马斯·纽科门（Thomas Newcomen）的铁匠发明了大气蒸汽机（见图1.1.8）；1765年，英国格拉斯戈大学的工人詹姆斯·瓦特（James Watt）改进了纽科门的蒸汽机，使燃料节省了75%，热效率提高了3%，制造出世界上第一台实用的蒸汽发动机，实现了作业机和动力机的结合，拉开了第一次工业革命的序幕（见图1.1.9）。到1784年，蒸汽机开始大规模生产，并在世界各国广泛应用，它把人类带入蒸汽机时代，进一步推动了交通运输业的发展。

图1.1.8　纽科门蒸汽机

图1.1.9　瓦特蒸汽机

1769年，法国陆军工程师尼古拉·居纽（Nicolas Cugnot）利用蒸汽机制造出世界上第一辆无须人畜推拉、使用蒸汽机做动力的三轮车，它是汽车发展史上的一个里程碑（见图1.1.10）。虽然这辆蒸汽汽车的速度只有4千米/小时，而且控制系统和操作系统都不完善，但法国和英国的汽车俱乐部都一致认为这是世界上第一辆汽车。由于试车时转向系统失灵，这辆三轮车撞到般圣奴兵工厂的墙壁上粉身碎骨，这是世界上第一起机动车事故。

图1.1.10　第一辆蒸汽汽车

1803年，法国工程师特利维柯造出了采用新型高压蒸汽机做动力的车，此车可乘坐8人，平均时速13千米，从此，用蒸汽机驱动的汽车投入实际使用。

1827年，英国嘉内公爵制造的蒸汽汽车成为世界上第一辆正式运营的公共汽车。可载客18人，平均时速19千米。

任务一 汽车的起源与发展

1878年，德国人尼古拉·奥托（Nikolaus August Otto）和尤金·兰根（Eugen Langen）依据四冲程工作原理，首创四冲程活塞循环，共同设计并制造出较为经济的四冲程往复式活塞内燃机，热效率达到13%，它与现代内燃机的原理很接近，是第一台能代替蒸汽机的实用内燃机（见图1.1.11）。

图1.1.11 尼古拉·奥托及其设计的四冲程往复式活塞内燃机

1886年，德国工程师卡尔·本茨（Kar Benz）采用木料制造的三轮汽车是世界上公认的第一辆真正投入使用的汽车。他把自制的内燃机安置在一辆三轮马车前后轮之间的车体上，从而造出第一辆商业的无马车辆——三轮汽车，它以18千米/小时的速度走出了世界汽车史上的第一步（见图1.1.12）。1886年1月29日，此项发明在德国取得汽车专利证（No.37435），这一天被国际汽车界确定为汽车的诞生日。

图1.1.12 卡尔·本茨及第一辆汽车

同年，德国人戈特利普·戴姆勒为庆祝妻子生日买了一辆四轮大马车，然后他将它改造成一辆"机动马车（Motor Carriage）"，这也就是后来被尊称为"戴姆勒1号车"的世界上第一辆四轮汽车（见图1.1.13）。

图1.1.13 戴姆勒及第一辆四轮汽车

三、汽车的发展

在 100 余年的汽车工业发展史中，世界汽车工业经历了三次重大变革。第一次变革是美国福特汽车公司推出 T 型车，发明了汽车装配流水线，使世界汽车工业的中心从欧洲转到美国。第二次变革是欧洲通过多品种的生产方式，打破了美国的汽车公司在世界车坛上的长期垄断地位，使世界汽车工业的中心从美国又转回欧洲。第三次变革是日本通过完善生产管理体制，形成精益的生产方式，全力发展物美价廉的经济型轿车，成了继美国、欧洲之后世界第三个汽车工业中心。

（一）第一次变革——流水线大批量生产

1892 年，美国查尔斯·杜里埃和弗兰科·杜里埃兄弟制造出美国第一辆以汽油机为动力的汽车。1903 年，福特汽车公司成立。1908 年，通用汽车公司成立。两大汽车公司的成立，推动了世界汽车工业的发展。

提到福特汽车公司，自然想到 T 型车。由于这种汽车的外形像 T 字，故称其为"T 型车"。T 型车可说是将家庭轿车的神话变为现实的第一种车型。在 T 型车出现以前，汽车是为少数人生产的奢侈品。为制造理想的大众化汽车，1908 年福特公司推出 T 型车。T 型车的出现，使汽车从有钱人的专利品变成大众化的商品。T 型车生产长达 20 年，被称为"运载整个世界的工具"。图 1.1.14 为福特 T 型车。

图 1.1.14　福特 T 型车

1913 年，福特公司在汽车城底特律市建成了世界上第一条汽车装配流水线（见图 1.1.15），使 T 型车成为大批量生产的开端。装配一辆汽车的时间从 12.5 小时缩短到 1.5 小时。从 1908—1927 年，T 型车共生产了 1 500 多万辆，这一纪录直到 1972 年才被德国大众的甲壳虫汽车打破。售价从开始的一辆 850 美元，最后降到 360 美元。1915 年，福特一个公司的汽车年产量就占美国全部汽车公司总产量的 70%，而当时生产汽车历史较长的德、英、法等欧洲国家的汽车总产量也不过是美国产量的 5%。亨利·福特仅注重生产成本，不重视产品改进，生产了十多年的 T 型车显得单调、简陋。到 1927 年，带有豪华饰件的通用公司的雪佛兰牌汽车赢得了用户的普遍欢迎，终于击败了垄断汽车市场 20 年的福特 T 型车，迫使其最终退出了汽车舞台。

任务一　汽车的起源与发展

图 1.1.15　福特流水线

▶ **（二）第二次变革——汽车产品多样化**

第二次世界大战以前，欧洲人就已经开始对美国汽车的一统天下不满。但是，当时欧洲的汽车公司尚不能以大批量生产、降低售价与美国汽车公司竞争。于是，以新颖的汽车产品，例如，发动机前置前驱动、发动机后置后驱动、承载式车身、微载式车身、微型节油车等，尽量适应不同的道路条件、国民爱好等要求，与美国汽车公司抗衡。因此，形成了由汽车产品单一到多样化的变革。针对美国车型单一、体积庞大、油耗高等弱点，欧洲开发了多种多样的新型车。例如，严谨规范的奔驰、宝马，轻盈典雅的法拉利、雪铁龙，雍容华贵的劳斯莱斯、美洲虎，神奇的甲壳虫，风靡全球的迷你等车型纷纷亮相。多样化的产品成为最大优势，规模效益也得以实现。到1966年，欧洲汽车产量突破1 000万辆，比1955年产量增长5倍，年均增长率为10.6%，超过北美汽车产量，成为世界第二个汽车工业发展中心。到1973年，欧洲汽车产量又提高到1 500万辆。世界汽车工业中心由美国转回欧洲。图1.1.16为迷你与甲壳虫。

图 1.1.16　迷你与甲壳虫

▶ **（三）第三次变革——精益的生产方式**

世界汽车工业的第三次变革发生在日本。日本汽车工业起步较晚，日本第一大汽车公司丰田汽车公司和第二大汽车公司日产汽车公司均创建于1933年。第二次世界大战前夕，日本政府颁布了《汽车制造业企业法》，表明对发展汽车工业给予支持。第二次世界大战

中，日本政府关闭了美国在日本所建立的汽车制造厂。第二次世界大战后，日本不允许外国到日本建厂造车。尽管如此，在20世纪50年代，日本的汽车工业仍然发展缓慢。进入20世纪60年代以后，经济型轿车的生产在日本逐年增加。1960年，日本人均国民生产总值为500美元，1966年人均国民生产总值突破了1 000美元，为汽车普及创造了条件。同时，日本各汽车公司及时推出物美价廉的汽车，其售价与20世纪50年代中期相比下降了30%～50%，于是日本出现了普及汽车的高潮。日本称1966年为普及私人汽车的元年。同时，以丰田汽车公司为代表的几家汽车公司，将"全面质量管理"和"及时生产系统"两种新型的管理机制应用于汽车生产。前者要求工人承担更多的责任，把产品质量放在首要位置。后者要求做好技术服务，推行精益生产方式。两者紧密结合，相辅相成，推动了日本汽车工业的高速发展。

  日本实现了汽车国内销售量和出口量双高速增长，迎来了汽车工业的发展高峰，创造了世界汽车工业发展的奇迹。日本丰田汽车公司的"车到山前必有路，有路必有丰田车"和日产汽车公司的"古有千里马，今有日产车"的广告表达了日本汽车发展的美好愿望。1960年，日本汽车产量仅为16万辆，远远低于当时美国和西欧各主要汽车生产国的水平。但到1967年，汽车产量达到1 100万辆，超过美国汽车产量，跃居世界第一位，日本成为继美国、欧洲后的世界上第三个汽车工业发展中心，世界汽车工业中心发生了从欧洲到日本的第三次转移。图1.1.17为日本生产的汽车。

图1.1.17　日本生产的汽车

任务二　中国汽车工业的探索与发展

一、旧中国的探索发展阶段（1901—1949 年）

汽车对于中国来说，无疑是舶来品。慈禧是皇城第一位有车族。当年袁世凯为了取得慈禧的信任，不惜花费重金，在 1902 年从香港辗转买来一辆美国产的奥兹莫比尔牌汽车献给了慈禧，慈禧太后也就成了中国拥有汽车的第一人。图 1.2.1 为慈禧及她的第一辆汽车。

图 1.2.1　慈禧及她的第一辆汽车

1920 年，孙中山在《建国方略》中最早提出建立中国汽车工业。至 1929 年，中国进口汽车 8 781 辆。1930 年，汽车保有量为 38 484 辆，却没有一辆汽车是中国制造的。1931 年 5 月，张学良成功研制出一辆民生牌 75 型载货汽车（见图 1.2.2）（因九一八事变停产），他成为第一个组织生产国产汽车的人。

图 1.2.2　民生牌汽车

二、新中国计划经济发展阶段

（一）筹备初创（1950—1965 年）

1. 筹备期

1950 年 12 月，中苏双方商定，由苏联全面援助中国建设第一个载重汽车厂。经过一年多的调查研究和多个方案对比，1951 年，中共中央和中央人民政府决定把第一汽车制造厂的厂址设在吉林省长春市郊区。

1952 年 11 月，饶斌受命为第一汽车制造厂厂长。图 1.2.3 为饶斌。

图 1.2.3　饶斌

2. 初创时期

1）第一汽车制造厂的建立

1953 年 7 月 15 日，第一汽车制造厂举行了隆重的奠基典礼，中国第一个汽车工业基地就此诞生。在第一个五年计划时期，第一汽车制造厂完成基本建设投资 6.2 亿元，基本建设竣工面积 75 万平方米，完成工业建筑 41.1 万平方米、宿舍 39.9 万平方米，安装了 2 万台机器设备，铺设了 30 多千米长的铁路和 8 万多米长的管道，制造了上万套工艺装备。

1956 年 7 月 15 日，国产第一辆解放牌 4 吨载货汽车在第一汽车制造厂诞生（见图 1.2.4），这标志着中国不能制造汽车的历史从此结束。长春第一汽车制造厂生产的解放牌汽车是以苏联生产的吉斯 150 型汽车为范本，并根据中国的实际情况改进部分结构而设计和制造出来的。这种汽车装有 90 匹马力、6 个汽缸的汽油发动机，最高时速为 65 公里，载重量为 4 吨。它不仅适合当时中国的道路和桥梁的负荷条件，而且还可以根据需要改装成适合各种特殊用途的变型汽车。

1958 年 4 月，中国历史上第一辆国产轿车在一汽诞生，取名为"东风"，国产 CA-71 东风牌小轿车在机修车间试制成功，正式下线。（见图 1.2.5）。生产编号为 CA-71，CA 为生产厂家一汽的代码，7 为轿车的编码，1 就表示第一辆。该车发动机和底盘仿造奔驰-190，车身结构仿造法国西姆卡-维迪娣。该车为流线型车身，上部银灰色，下部紫红色，6 座，装有冷热风设备，后车灯是具有民族风格的宫灯，发动机罩前上方有一个小金龙装饰，发动机最大功率达70马力,最高车速可达128公里,耗油量为百公里9～10升。

图1.2.4 第一辆解放牌4吨载货汽车

图1.2.5 CA-71

根据上级制造高级轿车的指示,一汽又制造出第一种高级轿车红旗。整车仿照凯迪拉克、林肯和克莱斯勒车型,重新设计了具有民族风格的车身造型。宽大的折扇形中网、宫灯式尾灯、司南形轮罩成为"红旗"的标志性特征。内饰中仪表板涂装福建大漆"赤宝砂"、座椅及门护板面料选用杭州"都锦生"云纹织锦、顶棚覆以丝织面料。1959年,红旗CA-72型高级轿车定型投产(见图1.2.6)。但由于随后到来的三年困难时期和质量问题,这种红旗第一代产品总共只生产了202辆。

图1.2.6 红旗CA-72型高级轿车

2) 4个汽车生产基地建成

(1) 南京汽车制造厂。

1947年3月27日,在山东临沂地区耿家王峪成立了跃进集团公司前身——中国人民解放军华东野战军特种纵队修理厂。它随军转战,被称为"一担挑"工厂。1949年7月13日,在南京接管四〇一厂,1958年3月10日,第一辆NJ130型2.5吨载重汽车诞生,被命名为跃进牌汽车,四〇一厂从此改名为南京汽车制造厂。现南京汽车集团有限公司是我国特大型汽车骨干生产企业。图1.2.7为南京汽车制造厂及跃进牌汽车。

图1.2.7　南京汽车制造厂及跃进牌汽车

（2）上海汽车制造厂。

1949年，上海经营汽车修理的商行近200家，从业人员1 200人。其中，上海公共交通公司修造厂（原上海汽车发动机厂和上海客车制造公司前身）的技术装备和生产能力处于领先水平；扬子建业所属利威汽车公司（后为上海汽车厂）号称当时远东最大的汽车公司。1955年11月，上海市内燃机配件制造公司成立，从此上汽开始起步。1958年9月28日，第一辆凤凰牌轿车在上海汽车装配厂试制成功，实现了上海汽车工业轿车制造"零"的突破。1964年，凤凰牌轿车改名为上海牌轿车。上海汽车制造厂成为中国产量最大的轿车生产基地之一。图1.2.8为上汽及凤凰牌轿车。

图1.2.8　上汽及凤凰牌轿车

（3）济南汽车制造厂。

1959年，济南汽车制造厂参照捷克的斯柯达706RT8t试制成功了黄河JN150载货汽车。1960年第一批黄河牌汽车出厂，结束了我国不能生产重型汽车的历史。图1.2.9为济南汽车制造厂。

任务二　中国汽车工业的探索与发展

图 1.2.9　济南汽车制造厂

（4）北京汽车制造厂。

北京汽车制造厂创建于1958年，是国家继长春第一汽车制造厂后兴建的第二家大型汽车生产企业。解放初期，我军战术指挥车除了在战争中缴获的美式吉普车外，一直依靠苏联提供的嘎斯69型越野汽车。20世纪60年代中苏关系破裂，我军指挥车失去了供应来源，军委指示一定要尽快开发部队装备用车。1962年我国试制成功第一辆北京BJ210轻型越野车。图1.2.10为北汽福田及BJ210轻型越野车。

图 1.2.10　北汽福田及BJ210轻型越野车

（二）自主建设（1966—1978年）

这个历史阶段，由于备战，国家确定在"三线"地区建设第二汽车制造厂（简称"二汽"）、四川汽车制造厂和陕西汽车制造厂，以生产中、重型载货汽车和越野汽车为主，同时发展矿用自卸车。

1. 第二汽车制造厂的建立

1964年，第二汽车制造厂的建设被列入第三个五年计划。1966年厂址选在湖北十堰的群山中。1967年4月1日，二汽举行了开工典礼大会。二汽是我国自行设计、自己提供装备的工厂。1978年7月15日，东风EQ140、5吨载货汽车投入生产。图1.2.11为二汽东风汽车标志及旗下的爱丽舍车型。

图 1.2.11 东风雪铁龙

2. 四川汽车制造厂的建立

四川汽车制造厂的厂址选在四川大足，靠近巴岳山麓，主要生产 10 吨以上的重型军用载重汽车，定型为红岩 CQ261（如图 1.2.12 所示）。在中国汽车工业总公司的领导下，建厂工作于 1964 年全面展开。

图 1.2.12 红岩牌 CQ261

3. 陕西汽车制造厂的建立

陕西汽车制造厂的厂址选在陕西省岐山县渭河南岸的麦里西沟，主要生产 5 吨军用载重汽车，定型为延安 SX250（如图 1.2.13 所示）。

图 1.2.13 延安 SX250

4. 开发生产矿用自卸汽车

20 世纪 60 年代中后期,国家做出"大打矿山之仗"的决策。从 1969 年开始,汽车行业开发生产矿用自卸汽车,主要有:上海的 32 吨矿用自卸汽车;天津和常州的 15 吨矿用自卸汽车;北京的 20 吨矿用自卸汽车;一汽和本溪的 60 吨矿用自卸汽车;甘肃"白银" 42 吨电动轮矿用自卸汽车等。

5. 地方积极建设汽车制造厂

20 世纪 60 年代后期,我国提出了调动地方生产积极性,建设地方工业体系的方针。全国各省、自治区均建立了汽车制造厂,这些工厂技术水平低、规模小,形成了汽车生产"小而全"的分散局面。

20 世纪 70 年代末,我国的汽车年产量为 22 万辆,其中轿车为 5 418 辆,轻型越野汽车为 2.04 万辆,其他越野汽车为 7 600 辆,载货汽车为 13.6 万辆,有 4.8 万辆汽车底盘供给改造客车或专用车。汽车制造厂为 56 家,汽车行业企业总数为 2 379 家,从业人员为 90.9 万人,汽车工业年总产值为 88.4 亿元。

三、改革开放后的全面发展阶段

进入新的历史发展时期,两股巨大的潮流托举着中国汽车业发生了质的飞跃。一是"入世"迎来的全球化冲击。2001 年年底中国加入 WTO,全球汽车市场成熟的观念、规则、流程、资本,疾风暴雨般冲击着中国汽车工业。可喜的是,涅槃中的中国汽车工业逐步适应并融入了全球化市场,开始成为一名活跃的角逐者。二是汽车开始进入普通百姓家庭,历时近 50 年的官车一统天下的格局被打破,被压抑多年的需求急剧释放,表现出一种势如破竹的市场原动力。

1. 奇瑞汽车有限公司

奇瑞汽车有限公司成立于 1997 年,前身是安徽汽车零部件公司,它是由安徽省芜湖市五个投资公司共同投资兴建的国有大型股份制企业,坐落在水陆空交通条件非常便利的国家级开发区——芜湖经济技术开发区,注册资本 41 亿元。1999 年 12 月 18 日,第一辆奇瑞轿车下线。以 2007 年 8 月 22 日第 100 万辆汽车下线为标志,奇瑞进入了全面国际化的新时期。2013 年,奇瑞累计销量突破了 400 万辆,产品远销 80 余个国家和地区,累计出口超过 80 万辆,并连续 11 年成为中国最大的乘用车出口企业。图 1.2.14 为奇瑞汽车有限公司。

图 1.2.14 奇瑞汽车有限公司

2. 吉利汽车公司

吉利汽车公司，全称浙江吉利控股集团有限公司，是一家以生产整车和汽车零部件为主的大型民营企业集团，始建于1986年。经过30年的建设与发展，集团在汽车、摩托车、汽车发动机、变速器、汽车电子电气及零部件生产方面取得了辉煌业绩。特别是1997年进入轿车领域以来，凭借灵活的经营机制和持续的自主创新，取得了快速的发展，资产总值达到105亿元，连续4年进入全国企业500强，被评为"中国汽车工业50年发展速度最快、成长最好"的企业，跻身于国内汽车行业10强。2009年12月23日，吉利成功收购了沃尔沃汽车100%的股权。2012年《财富》世界500强企业最新排名出炉。上榜的五家中国民企中，浙江吉利控股集团首次入围。吉利以营业收入233.557亿美元（含沃尔沃2011年营收）首次进入500强，车企排名第31位，且总排名从上一年的第688位跃升至第475位。截至2013年，吉利在慈溪、临海、宁波、上海、湘潭、济南、成都等地共有9个生产基地，合计60万辆车的产能。图1.2.15为吉利汽车公司。

图 1.2.15 吉利汽车公司

3. 比亚迪汽车公司

比亚迪汽车公司隶属于比亚迪股份有限公司，由王传福于1995年2月创立，现拥有IT、汽车以及新能源三大产业。作为全球第一大充电电池生产商，比亚迪镍电池居全球市场份额第一，手机用锂电池居全球市场份额第一，铁电池技术全球领先，被誉为"制造业基因携带者""国际OEM皇帝"和"世界OEM隐形冠军"。

2014年是新能源汽车真正普及的消费元年，比亚迪秦全年销售14 747台，成为新能源汽车年度销量冠军。作为电动车领域的领跑者和全球充电电池产业的领先者，比亚迪迅速掌握了关系电动汽车成败的关键一环——动力电池核心技术，并已经拥有能够实现大规模商业化的技术和条件，能够开发更为节能、环保的电动汽车产品，实现性能的提升和普及应用。图1.2.16为比亚迪汽车公司。

图 1.2.16 比亚迪汽车公司

4. 长城汽车

长城汽车是成立于1984年的中国汽车品牌，总部位于河北省保定市，具备发动机、前后桥、变速箱等核心零部件自主生产与配套的能力。主要生产SUV、轿车、皮卡及新能源汽车等车型。旗下拥有哈弗、魏牌（WEY）、欧拉、坦克和长城皮卡五个品牌。长城汽车是第一批走出国门的中国汽车企业之一，1998年实现出口，出口产品涵盖SUV、轿车、皮卡，主要出口俄罗斯、智利、南非等国家与地区。2020年1月9日，在《2019胡润中国500强民营企业》中位列第84位。图1.2.17为长城汽车公司。

图1.2.17 长城汽车公司

课题一　汽车发展概述

任务三　中国最具历史意义的车型欣赏

自1956年国产第一辆解放牌4吨载货汽车在第一汽车制造厂诞生以来，中国汽车行业生产了多种车型，其中有的已成经典。今天我们甄选出最具历史意义的10款车型，它们或奠定了中国汽车工业的发展基础，或代表了中国汽车的品牌形象；有的是中外汽车合作的典范，有的是驰骋于中国车市数十年的常青树。如代表了几代中国人骄傲的老红旗、定义了中国人对越野车概念的北京212、揭开了中国现代汽车生产序幕的桑塔纳、第1 000万辆具有历史意义的商用车……这些年代不同、造型各异的汽车，像一颗颗珍珠，串起了中国汽车工业的所有记忆。下面，就让我们来回顾一下这10款经典车型吧。

解放CA10型载货汽车

制造商：第一汽车制造厂

生产时间：1956—1986年

1953年7月15日，第一汽车制造厂举行奠基典礼，中国第一个汽车工业基地就此诞生。1956年7月13日，第一辆解放牌CA10型载货汽车下线。该车的生产结束了中国不能批量制造汽车的历史，掀开了民族汽车工业的历史篇章。图1.3.1为1956年生产的解放CA10型载货汽车。

图1.3.1　1956年生产的解放CA10型载货汽车

点评：1956年问世的一汽解放卡车影响了几代中国人，对很多人来说，提起老解放，就会回想到那个意气风发的年代。

任务三　中国最具历史意义的车型欣赏

上海 SH760A 型轿车

制造商： 上海汽车制造厂
生产时间： 1960—1991 年

1960 年 12 月，经过几轮样车的试制，仿制奔驰 220S 的凤凰牌轿车定型。1964 年改进后的凤凰牌轿车更名为上海 SH760 型轿车。1974 年，局部改进造型的上海 SH760A 型轿车问世。在长达 30 年的时间里，上海 SH760 系列轿车是国产公务用车的主力车型，也是当时中国产销量最大的轿车。图 1.3.2 为 1960 年生产的上海 SH760A 型轿车。

图 1.3.2　1960 年生产的上海 SH760A 型轿车

点评： "吃大白兔奶糖，戴上海表，坐上海车"——上海牌轿车俨然成为当年上海制造业水平的最高代表之一。

红旗 CA770 型轿车

制造商： 第一汽车制造厂
生产时间： 1958—1983 年

为满足国家领导人及外事工作的需求，一汽开发出红旗 CA770 型三排座高级轿车。该车按照正向开发流程设计，代表了当时国内轿车开发的最高水平。1966 年红旗 CA770 投入批量生产，开始全面取代我国引进的苏联轿车。图 1.3.3 为 1965 年生产的红旗 CA770 型轿车。

图 1.3.3　1965 年生产的红旗 CA770 型轿车

点评： 在特殊年代，老红旗经历了五代车型的更迭，产量最大的红旗 CA770 也只有 1 300 辆，其珍贵程度甚至超越了劳斯莱斯，成为中国汽车当之无愧的王者。

北京 BJ212 型越野车

制造商： 北京汽车制造厂
生产时间： 1965—1990 年

为满足部队装备需求，北京汽车制造厂历经三轮样车试制，成功开发出我国第一代轻型越野车。北京 BJ212 型越野车的机动性、通过性、最大车速均比苏联嘎斯 69 有所提高。当年它不仅是县团级干部的座驾，也是主要的公务乘用车型之一。图 1.3.4 为 1965 年生产的北京 BJ212 型越野车。

图 1.3.4　1965 年生产的北京 BJ212 型越野车

点评： 这个已经消失的经典车型，从 20 世纪 70 年代到 90 年代近 30 年的时间里，是"县委书记"和"解放军叔叔"的代名词，粗犷的造型和简单的配置，赢得了万千越野车迷的心。

东风 EQ140 型载货车

制造商： 第二汽车制造厂
生产时间： 1975 年至今

1969 年 4 月，属于三线军工企业的第二汽车制造厂破土动工。由于"文化大革命"的影响，直到 1975 年 7 月 1 日，第一种产品东风 EQ240 型 2 吨军用载货车才投产。1978 年 7 月，东风 EQ140 型 5 吨民用载货车投产，二汽开始逐渐赢利并迎来大发展。这两款完全由中国人独立设计的车型意义重大，标志着中国具备了独立开发载货汽车，以及设计和装备汽车厂的能力。图 1.3.5 为 1975 年生产的东风 EQ140 型载货车。

点评： 如果说老解放代表的是新中国成立初期那段难忘的岁月，那么东风 EQ140 则代表着另一段新奇而又热火朝天的美妙时光。

图 1.3.5　1975 年生产的东风 EQ140 型载货车

夏利 TJ7100 型轿车

制造商： 天津汽车工业公司
生产时间： 1986 年至今

1984 年 3 月，天津汽车工业公司与日本大发汽车公司签署了购买微型厢式车和轿车技术的合同，随后便诞生了华利微型厢式车与夏利轿车。夏利是最早进入中国人家庭的车型之一，也曾是出租车市场保有量最大的车型。图 1.3.6 为 1988 年生产的夏利 TJ7100 型轿车。

点评： 在 20 世纪八九十年代，开一辆夏利出门，其光荣程度不亚于今天开奔驰、宝马上街。

图 1.3.6　1988 年生产的夏利 TJ7100 型轿车

一汽大众生产的捷达 CL 型轿车

制造商： 一汽大众汽车有限公司
生产时间： 1986 年至今

1990 年 11 月 20 日，一汽与大众汽车公司就年产 15 万辆轿车的合资项目正式签约，第二年一汽大众汽车有限公司成立。1992 年 7 月 1 日，第一辆半散件组装的捷达 CL 型轿车下线。在历经了多次重大改型后，捷达仍旧保持着旺盛的生命力。图 1.3.7 为 1992 年一汽大众生产的捷达 CL 型轿车。

点评： 这款中国车坛的"常青树"车型，至今累计销量已突破 100 万辆，蝉联了数年中国 A 级车销量冠军宝座。

图 1.3.7　1992 年一汽大众生产的捷达 CL 型轿车

任务三　中国最具历史意义的车型欣赏

上海大众生产的桑塔纳轿车

制造商：上海大众汽车有限公司

生产时间：1983年至今

早在1983年，上海就开始组装生产桑塔纳轿车。1985年3月，中国最早的轿车合资企业上海大众汽车有限公司成立，开始了桑塔纳轿车零部件国产化进程。图1.3.8为1985年上海大众生产的桑塔纳轿车。

点评：1983年桑塔纳在中国组装成功，开启了中国汽车的另一个时代：中国汽车工业的现代生产方式时代。桑塔纳已经成为见证中国现代汽车工业发展的"活化石"。

图1.3.8　1985年上海大众生产的桑塔纳轿车

东风猛士

制造商：东风汽车公司

生产时间：2003年至今

2002年，军方决定启动1.5吨级二代军车的研发项目，2003年年初决定由东风汽车公司负责研发。东风猛士具备突出的动力性和越野通过性，为提高我军装备技术水平做出了突出贡献。它获得了国家科技进步一等奖，这是中国汽车行业22年来唯一一次获得该奖项。图1.3.9为2006年生产的东风猛士。

点评：这款号称中国悍马的军用越野车，各项性能指标均超过了美国悍马。这无疑证明了中国汽车工业拥有强大的基础。

图1.3.9　2006年生产的东风猛士

别克未来概念车

制造商：上海通用

生产时间：2007年

中国已经超越美国成为别克品牌第一大市场，通用汽车基于此点考虑将该品牌的未来定位在中国。通用汽车首次把定义别克品牌未来设计方向的概念车交给泛亚设计中心来做，在设计中融入了中国传统文化的元素。

图1.3.10　2007年生产的别克未来概念车

点评：在经历了"市场换技术"的阵痛之后，中国汽车业认识到只有靠自己的双手，才能赢得世界汽车工业的一席之地。作为中美合资的典范，上海通用在自主研发方面走在了国内车企前列，泛亚设计中心已经成为通用公司在海外的最重要的设计团队。图1.3.10为2007年生产的别克未来概念车。

课题一 汽车发展概述

练一练

一、填空题

1. 世界上第一辆汽车诞生于_____年_____国,是由_____发明的,该人还创办了_____汽车公司。

2. 1956年7月13日,第一辆_____牌CA10型载货汽车下线,结束了中国不能批量制造汽车的历史,掀开了民族汽车工业的历史篇章。

二、选择题

1. 被认为是第一辆四轮汽车发明者的是(　　)。

A. 卡尔·本茨　　　B. 保时捷　　　C. 戴姆勒　　　D. 迈巴赫

2. 第一辆蒸汽汽车是(　　)制造的。

A. 古诺　　　B. 卡诺　　　C. 本茨　　　D. 奥托

3. 中国第一汽车制造厂在(　　)。

A. 北京　　　B. 上海　　　C. 广州　　　D. 长春

三、问答题

中国汽车工业发展经历了哪几个阶段?

任务一 汽车的分类与编码

课题二　汽车基础知识

● 【任务目标】
1. 掌握各种汽车的分类方法
2. 掌握汽车的识别代码的编号规则
3. 掌握汽车总体构造

● 【任务描述】

在这汽车高速发展的时代，各汽车厂家生产的各种低档、中档、高档、豪华轿车车型让消费者看得眼花缭乱，这往往导致消费者想选购一款适合自己的车却不知该从何处下手。为了帮助消费者解除困扰，本章节主要介绍了汽车的分类、汽车识别代码（VIN）、汽车总体构造，帮助读者加深对汽车的了解和认识。

● 【课时计划】

序号	计划内容	参考用时	备注
1	汽车的分类与编码	2	
2	汽车总体构造	4	

任务一　汽车的分类与编码

一、汽车的分类

随着我国汽车产业的蓬勃发展，老百姓过去想不到的家用汽车就这样在不经意间来到我们面前。但是面对车市上那些各式各样的车型，你是否有一种不知所措的感觉？大车、

23

小车、货车、皮卡、越野车、轿车等它们又是怎么一回事？接下来我们一起来了解一下汽车的车型。

 （一）按发动机位置和驱动方式分类

（1）发动机前置后轮驱动（FR）。此为传统布置方式，应用在货车及部分中高级轿车、客车上。

（2）发动机前置前轮驱动（FF）。其特点是结构紧凑、整车质量小、底盘低、高速稳定性好，轿车多采用这种形式。

（3）发动机后置后轮驱动（RR）。其特点是发动机的噪声、振动对乘员的影响小、空间利用率高，广泛应用在大、中型客车上。

（4）发动机前置四轮驱动（4WD）。其特点是四个车轮均有动力，地面附着力大，通过性和动力性好，广泛应用在越野车、高性能跑车上。

（5）发动机放置在前后轴之间，后轮驱动（MR）。其特点是轴荷分配均匀，具有很中性的操控特性，但是发动机占了座舱的空间，降低了空间利用率和实用性，广泛应用在F1赛车、跑车上。

 （二）按照车用途分类

旧标准：中国汽车分类标准将汽车划分为八大类：载货汽车、越野汽车、自卸汽车、牵引汽车、专业汽车、客车、轿车、半挂车等。在每个类型里面还要根据车型细分。

新标准：旧标准在一定时期内有利于政府部门对汽车产业进行严格管理，但分类较为烦琐，定义范围不明确，与国际通行的汽车分类标准不一致。因此GB/T 3730.1—2001新国标取代了旧标准GB/T 3730.1—1998，将过去的八种汽车类型划分为乘用车和商用车两大类。

1. 乘用车

在其设计和技术特性上，主要用于载运乘客及其随身行李或临时物品的汽车，包括驾驶员座位在内最多不超过9个座位，它也可牵引一辆挂车。乘用车分为普通乘用车、活顶乘用车、高级乘用车、小型乘用车、敞篷车、舱背乘用车、旅行车等。

2. 商用车

在设计和技术特性上，用于载运人员或货物的汽车，并且可以是牵引挂车，乘用车不包括在内，主要分为客车和货车两大类。

客车类：小型客车、城市客车、长途客车、旅游客车、铰接客车、无轨电车、越野客车、专用客车等。

货车类：普通货车、多用途货车、全挂牵引车、越野货车、专业作业车、专业货车等。

3. 什么是 SUV、CR-V、MPV、CUV

SUV 是 "Sports Utility Vehicle" 的缩写，即运动型多功能车，俗称休闲越野车，是在皮卡底盘上发展而来的四轮驱动厢式车，起源于 20 世纪 80 年代的美国。SUV 最吸引人之处，除了具备中高档轿车的舒适性外，还有更高的越野性和安全性，并有运动感，便于日常生活、外出旅行和野外休闲使用。这是因为 SUV 的前悬挂是轿车车型的独立螺旋弹簧悬架，后悬挂则是越野车车型的非独立钢板弹簧悬架，车内的空间较大，载人载货同样游刃有余（见图 2.1.1）。

图 2.1.1　SUV

MPV 的全称是 Multi-Purpose Vehicle（或 Mini Passenger Van），即多用途汽车。它集轿车、旅行车和厢式货车的功能于一身，车内每个座椅都可调整，并有多种组合的方式。近年来，MPV 趋向于小型化，并出现了所谓的 S-MPV，S 是小（Small）的意思，车身紧凑，一般为 5～7 座（见图 2.1.2）。

图 2.1.2　MPV

CUV 是英文 Car-Based Utility Vehicle 的缩写，是以轿车底盘为平台，融轿车、MPV 和 SUV 特性为一体的多用途车，也被称为 Crossover。CUV 最初于 20 世纪末起源于日本，之后在北美、西欧等地区流行。CUV 拥有 SUV 的高通过性，能适应各种不同路况；另外还拥有如轿车一般卓越的舒适性以及燃油经济性；同时其大多还兼有 MPV 的超大空间，非常实用（见图 2.1.3）。

图 2.1.3　CUV

（三）德系分类标准

经常在新闻、广告、宣传画册上看到 A 级车、B 级车等这样的字眼，那它们有什么含义，又是如何分类的呢？

德系车分类标准是将所有轿车车型分为 Aoo、Ao、A、B、C、D 等级别，其中 A 级（包括 Aoo、Ao 级）车是指小型轿车，B 级车是指中档轿车，C 级车是指高档轿车，而 D 级车则是指豪华轿车，其主要是依据轴距、排量、重量等参数进行划分的。

（1）Aoo 级微型轿车的轴距为 2～2.2 米，发动机排量小于 1 升（见图 2.1.4）。

图 2.1.4　Aoo 级微型轿车

（2）Ao 级小型轿车的轴距为 2.2～2.3 米，排量为 1～1.3 升（见图 2.1.5）。

图 2.1.5　Ao 级小型轿车

（3）A 级紧凑轿车的轴距为 2.3～2.45 米，排量为 1.3～1.6 升（见图 2.1.6）。

图 2.1.6　A 级紧凑轿车

（4）B 级中档轿车的轴距为 2.45～2.6 米，排量为 1.6～2.4 升（见图 2.1.7）。

图 2.1.7　B 级中档轿车

（5）C 级高档轿车的轴距为 2.6～2.8 米，排量为 2.3～3.0 升（见图 2.1.8）。

图 2.1.8　C 级高档轿车

（6）D 级豪华轿车大多外形气派，车内空间极为宽敞，发动机动力也非常强劲，轴距一般大于 3 米，排量基本都在 3.0 升以上（见图 2.1.9）。

图 2.1.9　D 级豪华轿车

二、汽车编码

（一）世界汽车识别码（VIN）

VIN 是汽车的身份证，便于汽车在世界范围内的统一管理。它根据国家车辆管理标准确定，包含了车辆的生产厂家、年代、车型、车身型式及代码、发动机代码及组装地点等信息。新的行驶证在"车架号"一栏一般都打印 VIN 码。VIN 码由 17 位字符组成，所以俗称十七位码。正确解读 VIN 码，对于我们正确地识别车型，以至进行正确的诊断和维修都是十分重要的。如，LDC913L2240000023 是国际通用的汽车识别编码。

（二）VIN 的组成

第一部分：WMI——汽车制造厂识别代号（1～3 位）

（1）第 1 个字符是表示地理区域，如非洲、亚洲、欧洲、大洋洲、北美洲和南美洲或生产国（地区）别代码：

1	美国	J	日本	S 英国	2 加拿大	K 韩国	T 瑞士
3	墨西哥	L	中国	V 法国	4 美国	R 中国台湾	W 德国
6	澳大利亚	Y	瑞典		9 巴西	Z 意大利	

（2）第 2、3 位字符合并表示生产厂家。

如：DC——神龙	SW——上汽	MW——宝马
CA——一汽	EQ——二汽	TJ——天津

第二部分：VDS——车辆描述部分（4～9 位）

对于以下不同类型的车辆，在 VDS 中描述的车型特征应包括表 2.1.1 中规定的内容。

表 2.1.1 描述车型特征表

类 型	车型特征
乘用车	车身类型、发动机特征[a]
载货车（含牵引车）	车身类型、车辆最大总质量、发动机特征[a]
客车	车辆长度、发动机特征[a]
挂车	车身类型、车辆最大总质量
摩托车和轻便摩托车	车辆类型、发动机特征[a]
非完整车辆	车身类型[b]、车辆最大总质量[b]、发动机特征[c]

注 a：发动机特征至少应包括对燃油类型、排量和或功率的描述。
注 b：用于制造成为货车的非完整车辆的描述项目。
注 c：用于制造成为客车的非完整车辆的描述项目，此时发动机特征至少应包括对燃油类型、发动机布置型式、排量和或功率的描述。

VDS 各位置的含义：

第 4 位表示车辆种类：

1——普通乘用车	2——活顶乘用车	3——高级乘用车
4——小型乘用车	5——敞篷车	6——舱背乘用车
7——旅行车	8——多用途乘用车	9——短头乘用车
10——越野乘用车	11——专用乘用车（旅居车、防弹车、救护车、殡仪车）	

第 5 位表示车型系列代码，与生产厂家有关，和第 4 位数字共同组成车型代码。

第 6 位表示车身外形代码：1——二厢五门车；2——旅行车；3——三厢四门车。有些公司用字母表示车辆外形。

第 7 位表示发动机类型代码：1——1.6 升发动机；2——2.0 升发动机。

第 8 位表示所装备的变速箱类型：1——四挡手动变速箱；2——五挡手动变速箱；3——自动变速箱。

第 9 位是校验位，通过一定的算法防止输入错误，也可叫检验位。检验位一般用 0～9 十个数字表示或用字母"X"表示。

第三部分：VIS——车辆指示部分（10～17 位）

第 10 位表示车型年份，即厂家规定的型年（Model Year），不一定是实际生产的年份，但一般与实际生产的年份之差不超过 1 年。

车型年份对照表（见表 2.1.2 和表 2.1.3）：

表 2.1.2　1980—2010 年车型年份对照表

年份	代码	年份	代码	年份	代码	年份	代码
1980	A	1988	J	1996	T	2004	4
1981	B	1989	K	1997	V	2005	5
1982	C	1990	L	1998	W	2006	6
1983	D	1991	M	1999	X	2007	7
1984	E	1992	N	2000	Y	2008	8
1985	F	1993	P	2001	1	2009	9
1986	G	1994	R	2002	2	2010	A
1987	H	1995	S	2003	3		

课题二 汽车基础知识

表 2.1.3　2014—2040 年最新车型年份对照表

年份	代码	年份	代码	年份	代码	年份	代码
2011	B	2019	K	2027	V	2035	5
2012	C	2020	L	2028	W	2036	6
2013	D	2021	M	2029	X	2037	7
2014	E	2022	N	2030	Y	2038	8
2015	F	2023	P	2031	1	2039	9
2016	G	2024	R	2032	2	2040	A
2017	H	2025	S	2033	3		
2018	J	2026	T	2034	4		

第 11 位表示装配厂。0 代表原厂装配。

第 12～17 位表示生产顺序号。一般情况下，汽车召回都是针对某一顺序号范围内的车辆，即某一批次的车辆。

我国轿车的 VIN 码大多可以在仪表板左侧、挡风玻璃下面找到，不同的车型位置不尽相同。

标致 307 的 VIN 码除挡风玻璃下侧（见图 2.1.10）外，在车辆铭牌和右前减震器上部（见图 2.1.11）的车身上也能找到。

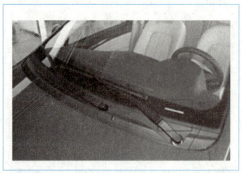

图 2.1.10　挡风玻璃下侧

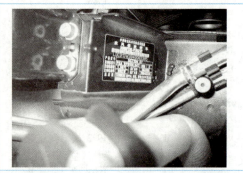

图 2.1.11　右前减震器上部

（三）汽车厂产量 500 台以上和 500 台以下 VIN 码的区别

一般：汽车厂产量≥500 辆的 VIN 组成见图 2.1.12。

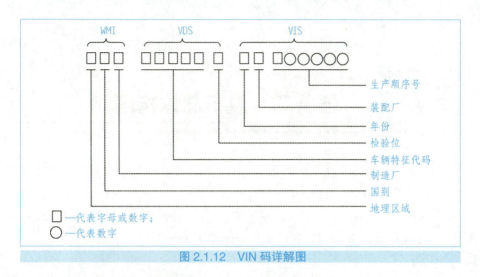

图 2.1.12　VIN 码详解图

特殊：汽车厂产量＜500 辆的 VIN 组成见图 2.1.13。

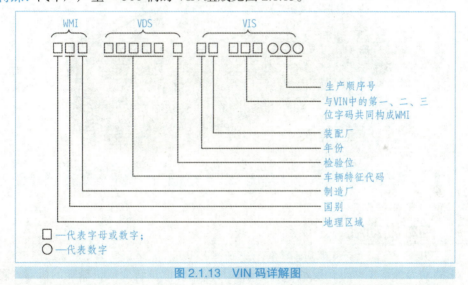

图 2.1.13　VIN 码详解图

任务二　汽车总体构造

汽车的类型虽然很多，各类汽车的总体构造有所不同，但它们的基本组成是一致的，都由发动机、底盘、车身和电器设备四大部分组成（见图2.2.1）。

图2.2.1　汽车总体构造图

一、汽车发动机

汽车的动力源是发动机，发动机是把某一种形式的能量转变成机械能的机器。现代汽车所使用的发动机多为内燃机，内燃机是把燃料燃烧的化学能转变成热能，然后又把热能转变成机械能的机器，并且这种能量转换过程是在发动机气缸内部进行的。

▶ **（一）发动机分类：按照发动机不同的特点有很多种分类方法**

（1）按燃料分：柴油机、汽油机和天然气机。
（2）按实现循环的行程数分：四冲程发动机、二冲程发动机。
（3）按冷却方式分：水冷式发动机、风冷式发动机。
（4）按点火方式分：压燃式发动机、点燃式发动机。
（5）按可燃混合气形成的方法分：外部形成混合气的发动机、内部形成混合气的内燃机。
（6）按进气方式分：自然吸气式发动机、增压式发动机。

（7）按气缸数目分：

① 单缸发动机。

② 多缸发动机：按气缸的排列型式又可分为：

  a. 直列立式发动机：所有气缸中心线在同一垂直平面。

  b. 直列卧式发动机：所有气缸中心线在同一水平平面。

  c. V形发动机：气缸中心线分别在两个平面内，且两平面相交呈V形。

  d. 对置式发动机：V形夹角为180°时又称为对置式。

  e. 其他：还有H形、X形、星形等，但在车辆上应用很少。

图2.2.2为发动机气缸图。

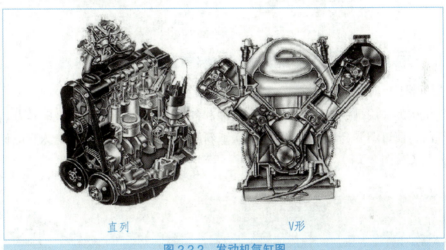

直列   V形

图2.2.2　发动机气缸图

（二）汽油发动机的总体构造与组成

  由于发动机的工作原理相似，基本结构也就大同小异。汽油发动机通常是由两大机构、五大系统组成，柴油发动机通常是由两大机构、四大系统组成（无点火系）。

  （1）曲柄连杆机构——实现热能转换的核心，也是发动机的装配基础。

  （2）配气机构——保证气缸适时换气。

  （3）燃料系统——控制每次循环投入气缸燃油的数量，以调节发动机的输出功率和转速。

  （4）冷却系统——控制发动机的正常工作温度。

  （5）润滑系统——减少摩擦力，延长发动机的使用寿命。

  （6）点火系统——适时地向汽油发动机提供电火花。（柴油发动机无点火系统）

  （7）起动系统——使曲轴旋转完成发动机起动过程。

下面依次来介绍一下：

1. 曲柄连杆机构

曲柄连杆机构在做功行程时，将燃料燃烧以后产生的气体压力，经过活塞、连杆转变

为曲轴旋转的转矩；然后，利用飞轮的惯性完成进气、压缩、排气 3 个辅助行程。曲柄连杆机构由机体组、活塞连杆组和曲轴飞轮组 3 部分组成（见图 2.2.3）。

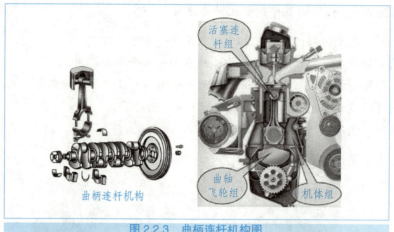

图 2.2.3　曲柄连杆机构图

2. 配气机构

配气机构的作用是根据发动机的工作顺序和各缸工作循环的要求，及时地开启和关闭进、排气门，使可燃混合气（汽油发动机）或新鲜空气（柴油发动机）进入气缸，并将废气排入大气（见图 2.2.4）。

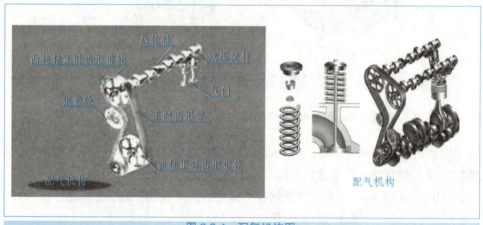

图 2.2.4　配气机构图

3. 燃料系统

（1）汽油机燃料供给系统：

汽油机燃料供给系统的功用是：根据发动机的要求，配制出一定数量和浓度的混合气，供入气缸，并将燃烧后的废气从气缸内排到大气中去；柴油机燃料供给系统的功用是把柴油和空气分别供入气缸，在燃烧室内形成混合气并燃烧，最后将燃烧后的废气排出。

目前汽油机的燃料供给系统有：

①化油器式燃料供给系统；

②汽油喷射式燃料供给系统；

③液化石油气燃料供给系统；

④其他混合燃料供给系统。

化油器式燃料供给系统是汽油机传统的供给系统，由于进气量、喷油量控制不够精确，尾气污染严重，已基本被淘汰，而汽油喷射式燃料供给系统在汽油机上的使用已经普及。

（2）柴油机燃料供给系统：

柴油机燃料供给系统的功用是：不断供给发动机经过滤清的清洁燃料和空气，根据柴油机不同工况的要求，将一定量的柴油以一定压力和喷油质量定时喷入燃烧室，使其与空气迅速混合并燃烧，做功后将燃烧废气排出气缸。

柴油机燃料供给系统主要组成部分和功用：

柴油机燃料供给系统主要由燃油供给装置、空气供给装置、混合气形成装置和废气排出装置四部分组成。

①燃料供给装置的主要功用是完成燃料的贮存、滤清和输送工作，并以一定压力和喷油质量，定时、定量地将燃料喷入燃烧室。

②空气供给装置的主要功用是供给发动机清洁的空气。

③混合气形成装置（就是燃烧室）的主要功用是使燃油与空气混合形成混合气。

④废气排出装置的主要功用是在发动机完成做功后排出气缸内的燃烧废气。

图 2.2.5 为燃料供给系统识图。

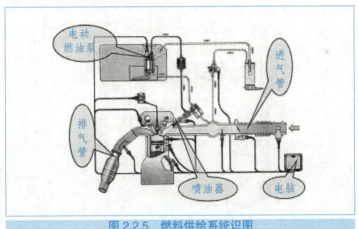

图 2.2.5　燃料供给系统识图

4. 冷却系统

组成：水冷式由水套、水泵、散热器、风扇、节温器等组成。风冷式由风扇和散热片等组成。

功能：冷却系统的功能是将受热零件吸收的部分热量及时散发出去，保证发动机在最适宜的温度状态下工作。

图 2.2.6 为冷却系统识图。

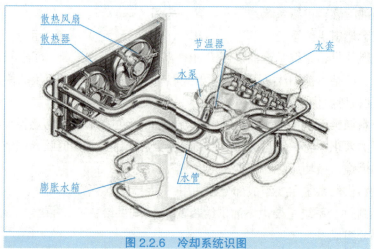

图 2.2.6　冷却系统识图

5. 润滑系统

组成：由机油泵、集滤器、限压阀、油道、机油滤清器等组成。

功能：润滑系的功能是向做相对运动的零件表面输送定量的清洁润滑油，以实现液体摩擦、减小摩擦阻力、减轻机件的磨损，并对零件表面进行清洗和冷却。

图 2.2.7 为润滑系统识图。

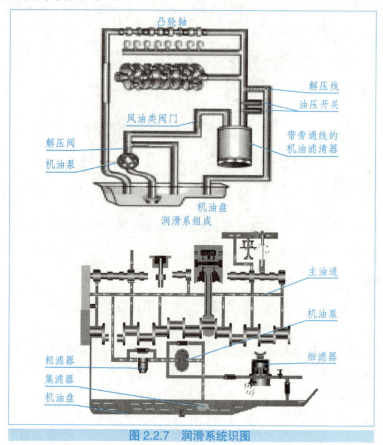

图 2.2.7　润滑系统识图

6. 点火系统

组成： 传统式由蓄电池、发电机、点火线圈、断电器、火花塞等组成。普通式和传统式点火系统类似，只是用电子元件取代了断电器。电子点火式是全电子点火系统，完全取消了机械装置，由电子系统控制点火时刻，包括蓄电池、发电机、点火线圈、火花塞和电子控制系统等。

功能： 在汽油机中，气缸内的可燃混合气是靠电火花点燃的，为此在汽油机的气缸盖上装有火花塞，火花塞头部伸入燃烧室内。能够按时在火花塞电极间产生电火花的全部设备称为点火系统。

图 2.2.8 为点火系统识图。

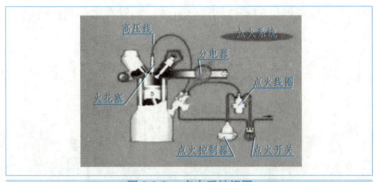

图 2.2.8　点火系统识图

7. 起动系统

组成： 由起动机及其附属装置组成。

功能： 要使发动机由静止状态过渡到工作状态，必须先用外力转动发动机的曲轴，使活塞做往复运动，气缸内的可燃混合气燃烧膨胀做功，推动活塞向下运动使曲轴旋转，发动机才能自行运转，工作循环才能自动进行。因此，从曲轴在外力作用下开始转动到发动机开始自动地怠速运转的全过程，称为发动机的起动。完成起动过程所需的装置，称为发动机的起动系统。

图 2.2.9 为起动系统识图。

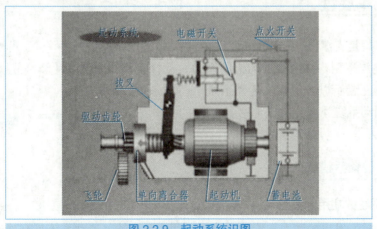

图 2.2.9　起动系统识图

课题二　汽车基础知识

（三）发动机的基本结构

下面以单缸发动机为例，介绍发动机的基本结构。它由汽缸、活塞、连杆、曲轴、汽缸盖、机体、凸轮轴、进气门、排气门、气门弹簧、曲轴齿形带轮等组成。往复活塞式内燃机的工作腔称作汽缸，汽缸内表面为圆柱形。在汽缸内做往复运动的活塞通过活塞销与连杆的一端铰接。连杆的另一端则与曲轴相连，构成曲柄连杆机构。活塞在汽缸内做往复运动时，连杆推动曲轴旋转。同时，汽缸的容积在不断地由小变大，再由大变小，如此循环不已。汽缸的顶端用汽缸盖封闭，汽缸盖上装有进气门和排气门，通过进、排气门的开闭实现向汽缸内充气和向汽缸外排气。进、排气门的开闭由凸轮轴驱动，凸轮轴由曲轴通过齿形带或齿轮驱动。构成汽缸的零件称作汽缸体，曲轴在曲轴箱内转动。

图 2.2.10 为单缸发动机。

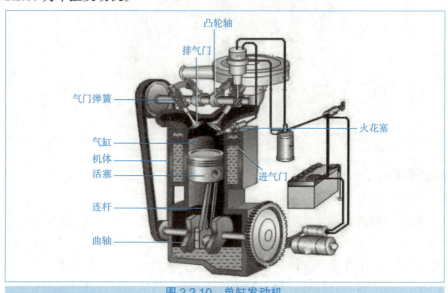

图 2.2.10　单缸发动机

二、汽车底盘

底盘的作用是支撑、安装汽车发动机及各部件、总成，形成汽车的整体造型，并接受发动机的动力，使汽车产生运动，保证正常行驶。底盘由传动系统、行驶系统、转向系统和制动系统 4 部分组成（见图 2.2.11）。

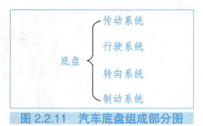

图 2.2.11　汽车底盘组成部分图

（一）传动系统简介

1. 传动系统的功用

汽车发动机所发出的动力靠传动系统传递到驱动车轮。传动系统具有减速、变速、倒车、中断动力、轮间差速和轴间差速等功能,与发动机配合工作,能保证汽车在各种工况条件下的正常行驶,并具有良好的动力性和经济性。

2. 传动系统的种类和组成

传动系统一般由离合器、变速器、万向传动装置、主减速器、差速器和半轴等组成。按能量传递方式的不同,划分为机械传动、液力传动、液压传动、电传动等。图 2.2.12 为机械式传动系统一般组成及布置示意图。

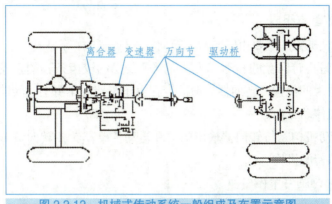

图 2.2.12　机械式传动系统一般组成及布置示意图

（二）行驶系统简介

1. 汽车行驶系统的功用

（1）将汽车构成一个整体,承受汽车的总重量。

（2）接受传动系统的动力,通过驱动轮与路面的作用产生牵引力,使汽车正常行驶。

（3）承受并传递路面作用于车轮上的各种反力和力矩,缓和不平路面对车身造成的冲击,衰减汽车行驶中的震动,保持行驶的平顺性。

（4）与转向系统配合,保证汽车操纵的稳定性。

2. 行驶系统的组成部分

一般由车架、车桥、车轮和悬架组成。图 2.2.13 为汽车行驶系统组成示意图。

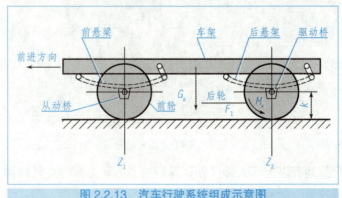

图 2.2.13　汽车行驶系统组成示意图

（三）转向系统简介

1. 转向系统的功用

汽车行驶过程中，经常需要改变行驶方向，即所谓的转向，这就需要有一套能够按照司机意志使汽车转向的机构，它将司机转动方向盘的动作转变为车轮（通常是前轮）的偏转动作。

2. 转向系统的基本组成

（1）转向操纵机构是主要由转向盘、转向轴、转向管柱等组成。

（2）转向器是将转向盘的转动变为转向摇臂的摆动或齿条轴的直线往复运动，并对转向操纵力进行放大的机构。转向器一般固定在汽车车架或车身上，转向操纵力通过转向器后一般还会改变传动方向。

（3）转向传动机构是将转向器输出的力和运动传给车轮（转向节），并使左右车轮按一定关系进行偏转的机构。

3. 转向系统的类型及工作原理

按转向能源的不同，转向系统可分为机械转向系统和动力转向系统两大类。图2.2.14为汽车转向系统组成示意图。

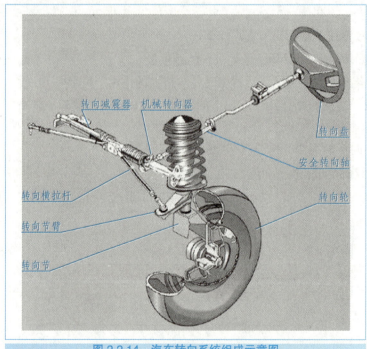

图 2.2.14　汽车转向系统组成示意图

动力转向系统除具有以上三大部件外，其最主要的动力来源是转向助力装置。由于转向助力装置最常用的是一套液压系统，因此也就离不开泵、油管、阀、活塞和储油罐，它们分别相当于电路系统中的电池、导线、开关、电机和地线的作用。

（四）制动系统简介

1. 汽车制动系统的功用

其功用是：使行驶中的汽车按照驾驶员的要求进行强制减速甚至停车；使已停驶的汽车在各种道路条件下（包括在坡道上）稳定驻车；使下坡行驶的汽车速度保持稳定。图2.2.15 为制动系统工作原理图。

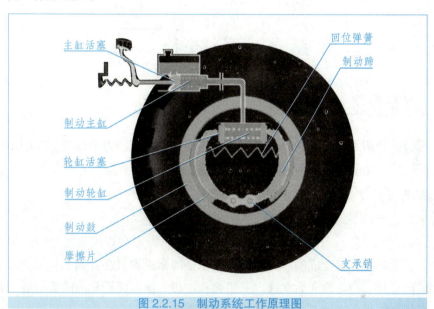

图 2.2.15　制动系统工作原理图

2. 制动系统的组成

制动系统一般由制动操纵机构和制动器两个主要部分组成。

（1）制动操纵机构。

制动操纵机构产生制动动作、控制制动效果并将制动能量传输到制动器的各个部件以及制动轮缸和制动管路。

（2）制动器。

制动器是产生阻碍车辆的运动或运动趋势的力（制动力）的部件。汽车上常用的制动器都是利用固定元件与旋转元件工作表面的摩擦而产生制动力矩，这称为摩擦制动器。它有鼓式制动器和盘式制动器两种结构形式。

任何制动系统都具有以下四个基本组成部分：

a. 功能装置；b. 控制装置；c. 传动装置；d. 制动器。

另外还具有制动力调节装置以及报警装置、压力保护装置等附加装置。图2.2.16 为汽车制动系统组成示意图。

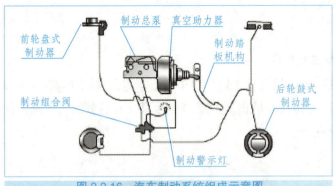

图 2.2.16　汽车制动系统组成示意图

三、汽车车身

汽车车身的作用主要是保护驾驶员以及构建良好的空气动力学环境。好的车身不仅能带来更佳的性能，也能体现出车主的个性。汽车车身结构，有以下多种分类：

1. 按结构形式分

有骨架式、无骨架式。

（1）有骨架式车身：在制造时将车身外壳及内壁固定在焊接装配好的骨架上。骨架通常是由薄钢板冲压焊接而成的。车身外壳大多是薄钢板焊接在骨架上。车身骨架主要由左右门框的前立柱、中立柱和后立柱、上边梁和地板、前风窗框和前围板、后围板及其他后部加强零件所组成，这种车身有很好的强度和刚度。

（2）无骨架式车身：它直接由若干块形状复杂的覆盖件组成，仅靠筋肋代替骨架作用，此外靠角板、横支条等措施来加强。无骨架式车身本身就是一个刚性空间结构，有较好的强度和刚度，质量比有骨架式车身要小得多，而且汽车总高度也可降低。

2. 按受力情况分

非承载式、半承载式、承载式。

（1）承载式车身结构：发动机盖、车顶盖、行李箱盖、翼子板、前围板、地板以及 A、B、C 三大立柱（见图 2.2.17、图 2.2.18）。

图 2.2.17　轿车承载式车身结构实图

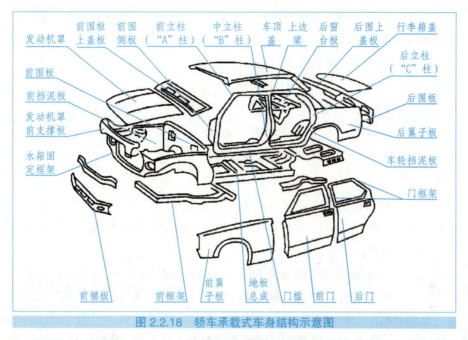

图 2.2.18 轿车承载式车身结构示意图

承载式车身,通俗地说,没有了坚固的大梁,仅剩下铁皮,是真正意义上的"铁包肉"。承载式是指底盘悬挂系统直接安装在车体(你可以理解为汽车的外壳)上,它是在车体的引擎仓和后备仓上进行加固,然后将引擎变速箱悬挂等直接安装在加固的梁上,这样一来,车体(车壳)不仅承载了乘员,还承载了地面通过悬挂系统传递过来的载荷,所以叫承载式车身。

(2)半承载式车身。半承载式车身特点:车身与车架用螺钉连接、铆接或焊接等方法刚性地连接。车身除承受上述各项载荷外,还分担车架的部分载荷。即车身对车架有加固作用。其优点是省去了车身底梁而使自重减轻、内高增加(见图2.2.19)。

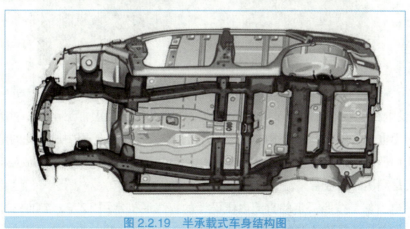

图 2.2.19 半承载式车身结构图

(3)非承载式车身。非承载式车身很简单,跟船的龙骨结构完全一样,大梁构成车的骨架,在大梁上装上悬挂、轮子、动力系统等,将车身覆盖到上面,车就完成了。显而易见,大梁式的车碰撞时受力的部分基本由粗壮的大梁完成。这种类型的车一般来说相当

43

坚固，但是这种结构往往导致车重量大，从而油耗大，性能也下降。而且大梁占据空间较大，使车的底盘较高，空间较小。

所以，现在轿车广泛采用承载式车身。

四、汽车电器

汽车电器主要是由电源系统和用电设备组成。

1. 电源系统

电源系统也称充电系统，主要包括蓄电池、发电机、调节器。其中发电机为主电源，发电机正常工作时，由发电机向全车用电设备供电，同时给蓄电池充电。调节器的作用是使发电机的输出电压保持恒定。

（1）蓄电池：蓄电池为可逆的直流电源。在汽车上使用最广泛的是起动用铅蓄电池，它与发动机并联，向用电设备供电。蓄电池的作用是：当发动机起动时，向起动机和点火系统供电；在起动机不发电或电压较低的情况下向用电设备供电；当用电设备同时接入较多，发电机超载时，协助发电机供电；当蓄电池存电不足，而发电机负载又较少时，它可将发电机的电能转变为化学能储存起来。因此它在汽车中占有重要位置。正确使用和维护保养蓄电池，对延长蓄电池的使用寿命极为重要。所以，汽车修理厂要担负维护、修理及启用新蓄电池等作业项目。图 2.2.20 为汽车蓄电池。

图 2.2.20　汽车蓄电池

（2）发电机。发电机是汽车电源系统的主要部件，它在正常工作时，对除起动机以外的所有的用电设备供电，并向蓄电池充电，以补充蓄电池在使用中所消耗的电能。

汽车所用的发电机有直流发电机、交流发电机。直流发电机是利用机械换向器整流，交流发电机是利用硅二极管整流，故又称硅整流发电机。

汽车用电器都是按照一定的直流电压设计的，汽油机常用 12 V，柴油机常用 24 V。在汽车上，发电机既是用电器的电源，又是蓄电池的充电装置。为了满足用电器和蓄电池的要求，对发电机的供电电压和电流变化范围也有一定的限制。

（3）调节器。直流发电机所匹配的调节器一般都是由电压调节器、电流限制器、截断继电器三部分组成。而交流发电机调节器可大大简化。由于硅二极管具有单向导电的特

性，当发电机电压高于蓄电池电动势时，二极管有阻止反向电流的作用，所以交流发电机不再需要截流继电器。由于交流发电机具有限制输出电流的能力，因此也不再需要限流器。但它的电压仍是随转速的变化而变化，所以为了得到恒定的直流电压，还必须装有电压解调器。

2. 用电设备

用电设备包括：起动系统、点火系统、照明系统、信号系统、仪表系统、辅助装置、其他装置。

（1）起动系统包括串励式直流电动机、传动机构、控制装置。其作用是起动发动机。

（2）点火系统包括点火开关、点火线圈、分电器总成、火花塞等，其作用是产生高压电火花，点燃汽油机发动机汽缸内的混合气。

在现代汽油发动机中，气缸内燃料和空气的混合气大多采用高压电火花点火。电火花点火具有火花形成迅速、点火时间准确、调节容易以及混合气点燃速度快等优点。为了在气缸中产生高压电火花，必须采用专门的点火装置。点火装置按电能的来源不同，可分为蓄电池点火和磁电机点火两大类。

（3）照明系统包括汽车内、外各种照明灯及其控制装置，用来保证夜间行车安全。主要有前照灯、雾灯、尾灯、制动灯、棚灯、转向灯闪光器等。

（4）信号系统包括喇叭、蜂鸣器、闪光器及各种行车信号标识灯，用来保证车辆运行时的人车安全。

（5）仪表系统包括各种电器仪表，用来显示发动机和汽车行驶中有关装置的工作状况，帮助驾驶员随时掌握汽车主要部分的工作情况，及时发现和排除可能出现的故障和不安全因素，以保证良好的行使状态。汽车常用仪表有电流表、水温表、发动机机油压力表、燃油油量表及车速里程表等，有的汽车还有发动机转速表和制动系统贮气筒气压表等。

①电流表。电流表串联在充电电路中，是用来指示蓄电池充、发电状态的仪表，按结构形式可分为电磁式、动磁式和光电指示灯式。最常用的是电磁式电流表，它具有结构简单、耐震等特点。

②机油压力表。机油压力表（油压表）用来指示发动机机油压力的大小和发动机润滑系统工作是否正常。它由装在仪表板上的油压指示表和装在发动机主油道中或粗滤器上的传感器两部分组成。

③水温表。水温表用来指示发动机水泵中冷却水的工作温度是否正常。它由装在仪表板上的水温指示表和装在发动机汽缸盖水泵上的水温传感器（俗称感温室）两部分组成，两者用导线相通。常用水温指示表为双金属式和电磁式，传感器有双金属式和热敏电阻式两种。

④燃油表。燃油表可用来指示燃油箱内储存燃油量的多少。它由装在仪表板上的燃油指示表和装在燃料箱内的传感器两部分组成。燃油指示表有电磁式和双金属式两种，传感

器均为可变电阻式。

⑤车速里程表。车速里程表是用来指示汽车行驶速度和累计汽车行驶里程数的仪表。它由车速表和里程表两部分组成。

（6）辅助装置包括电动刮水器、空调器、低温起动预热装置、收录机、点烟器、玻璃升降器等。

随着汽车辅助工业的发展和现代化技术在汽车方面的应用，现代汽车装备的辅助电气设备很多，除了汽车用音响设备、通信器材和汽车电视等服务性装置外，都是一些与汽车本身使用性能有关的电气设备。如电动刮水器、电动洗窗器、电动玻璃升降器、暖风通风装置、电动座位移动机构、发动机冷却系统电动风扇、电动燃料泵、冷气压缩机用电磁离合等。这些辅助电气设备大体可分三类：电机类、电磁离合器类和电动泵类。

（7）其他装置由发动机电子控制系统、汽车空调系统和汽车音响系统等组成。

电子控制系统包括电控燃油喷射装置、电子点火装置、制动防抱死装置、自动变速器等。

3. 现代电器设备

自从汽车问世100多年来，汽车电器设备作为汽车的重要组成部分，随着汽车技术的进步，其结构与性能也在不断地进步，特别是电子技术在汽车上的广泛应用，在解决汽车节能降耗、行车安全、减少排放污染等方面起着越来越重要的作用。

（1）现代汽车电器设备的组成。汽车电器设备主要由三大部分组成：电源、用电设备、控制开关。

（2）汽车电器系统的特点。汽车电气设备与普通的电气设备相比有如下特点：

①低压。

②直流电。

③单线制。

④并联连接。

⑤负极搭铁。

⑥保险装置。

⑦线路的颜色和编号。

任务二 汽车总体构造

练一练

一、填空题

1.发动机按位置和驱动方式分类有（　　）、（　　）、（　　）、（　　）、（　　）。

2.VIN码由（　　）、（　　）、（　　）组成。

二、选择题

1.不属于底盘四大系统的是（　　）。

A.制动系统　　B.转向系统　　C.起动系统　　D.行驶系统

2.不属于柴油发动机四大系统的是（　　）。

A.冷却系　　B.润滑系　　C.起动系　　D.点火系

三、问答题

1.发动机位置和驱动方式分类有哪些？

2.VIN码的作用是什么？

3.汽车发动机由哪几部分组成？

4.汽车车身由哪几部分组成？

课题三　世界著名汽车厂商及车标

【任务目标】

1. 了解世界著名汽车厂商及车标
2. 了解中国著名汽车厂商及车标

【任务描述】

汽车作为一种重要的交通工具，在方便了人们生活的同时也推动了世界的发展。自第一辆福特T型车走下流水线，汽车走进平民家庭，迎来了百花齐放的局面，成就了一个又一个优秀的品牌，记录了它们发展史的辉煌与没落。现在我们就一起去聆听不同国家汽车生产厂商的故事，欣赏它们的作品。

【课时计划】

序号	计划内容	参考用时	备注
1	德国汽车公司及车标	3	
2	美国汽车公司及车标	2	
3	日本汽车公司及车标	3	
4	法国汽车公司及车标	1	
5	意大利汽车公司及车标	1	
6	中国著名汽车公司品牌及车标	2	

任务一　德国汽车公司及车标

一、大众汽车公司及车标

（一）公司简介

大众汽车公司成立于1937年，总部位于德国沃尔夫斯堡，创始人是世界著名汽车设计大师费迪南德·波尔舍。大众汽车在全球18个国家内拥有45间制造工厂，全球雇员总数超过50万人，每个工作日可生产超过21 500辆汽车，产品在全球超过150个国家均有销售。集团的目标是为消费者提供安全、环保、有吸引力、有竞争力的汽车产品，代表同类产品的全球最高水平。

大众汽车集团旗下的汽车品牌包括奥迪品牌群和大众品牌群。

奥迪品牌群包括奥迪（Audi）、西亚特（Seat）、兰博基尼（Lamborghini）、杜卡迪（DUCATI）4个品牌。

大众品牌群包括大众商用车、大众乘用车、斯柯达（SKODA）、宾利（Bentley）和布加迪（Bugatti）、保时捷（Porsche）、斯堪尼亚（SCANIA）、MAN共8个品牌。

（二）主要品牌及其车标

1. 大众品牌

大众汽车品牌主要产品有进口大众：途锐、蔚揽、迈特威等；上汽大众：Polo、桑塔纳、新朗逸、凌渡、帕萨特、途观、途昂、ID系列（新能源汽车）等；一汽大众：宝来、速腾、高尔夫、迈腾、探岳、一汽CC、ID系列（新能源汽车）等。图3.1.1为凌渡汽车。

大众品牌的车标如图3.1.2所示。大众汽车公司的德文为Volks Wagenwerk，意为大众使用的汽车，汽车的标志曾发生过多次变化。今天的标志中的"V""W"为全称中的两个单词的头一个字母。标志像是由三个用中指和食指作出的"V"组成，表示大众公司及其产品必胜—必胜—必胜。

图3.1.1　凌渡汽车

图3.1.2　大众车标

2. 奥迪品牌

奥迪汽车公司现为大众汽车公司的子公司，总部设在德国的英戈尔施塔特，创始人是奥古斯特·霍希。大众公司在1964年从戴姆勒－奔驰公司买下奥迪。

A系列是奥迪最主要的车型，A3、A4、A6、A8是目前最畅销的奥迪车型，分别是A、B、C、D级轿车，竞争对手分别是宝马1、3、5、7系和奔驰B、C、E、S级。图3.1.3为奥迪A8轿车。

奥迪轿车的标志为四个圆环，如图3.1.4所示，代表着合并前的4家公司。这些公司曾经是自行车、摩托车及小客车的生产厂家。4个圆环同样大小、并列相扣，代表4家公司地位平等、团结紧密，象征整个联盟牢不可破。

图3.1.3 奥迪A8轿车

图3.1.4 奥迪车标

3. 宾利品牌

宾利汽车公司（Bentley Motors Limited）是举世闻名的豪华汽车制造商，总部位于英国克鲁。公司由沃尔特·欧文·本特利于1919年1月18日创建。第一次世界大战期间，宾利公司以生产航空发动机而闻名。战后，则开始设计制造汽车产品。1931年，宾利被劳斯莱斯收购，在1998年二者均被德国大众集团买下；同年8月，宝马以6800万美元的价格购得劳斯莱斯的商标使用权，双方关系逐渐弱化。在近百年的历史长河中，宾利品牌依然熠熠生辉，不断给世人呈现出尊贵、典雅与精工细作的高品质座驾。

宾利品牌的主要汽车产品有慕尚（Mulsanne）、飞驰（Flying Spur）、欧陆（Continetal）等。宾利慕尚以法国勒芒赛道的传奇性弯道命名。作为第一款由宾利自主设计的旗舰车型，慕尚已取代宾利雅致（Arnage），荣登宾利家族的旗舰宝座。飞驰是最具宾利品牌特色的豪华车之一，其名称中的Spur本意为"踢马刺"，亦可作"策马飞驰"之引申。作为世界上速度数一数二的4门超豪华车，宾利飞驰可达320千米/小时。欧陆是宾利品牌中最畅销的车型，将超级跑车的动力与豪华车的舒适性融为一体。图3.1.5为宾利飞驰，图3.1.6为宾利欧陆。

图3.1.5 宾利飞驰

宾利车标的设计运用简洁圆滑的线条，晕染、勾勒形成一对飞翔的翅膀，整体恰似一只展翅高飞的雄鹰。中间的字母"B"为宾利汽车创始人Bentley名字的首字母，令宾利汽车既具有帝王般的尊贵气质，又起到纪念设计者的意味。宾利车标如图 3.1.7 所示。

图 3.1.6　宾利欧陆

图 3.1.7　宾利车标

4．兰博基尼品牌

兰博基尼是全球顶级跑车制造商及欧洲奢侈品的标志之一，公司坐落于意大利圣亚加塔·波隆尼（Sant'Agata Bolognese），由费鲁吉欧·兰博基尼在 1963 年创立。早期由于经营不善，于 1980 年破产；数次易主后，1998 年归入奥迪旗下，现为大众集团旗下品牌之一。

兰博基尼品牌的主要汽车产品有 Huracan 和 Aventador，兰博基尼 Huracan LP610-4 的外观相较于已经停产的 Gallardo 更具攻击性，前大灯和进气口的线条更为犀利；兰博基尼 Huracan LP610-4 搭载的是一台 5.2LV10 自然吸气发动机，最高时速为 325 千米 / 小时，零到百公里的加速时间仅为 3.2 秒。Huracan LP610-4 如图 3.1.8 所示。

兰博基尼的标志是一头浑身充满了力量、正准备向对手发动猛烈攻击的犟牛。据说兰博基尼本人就是这种不甘示弱的牛脾气，这也体现了兰博基尼公司产品的特点。因为公司生产的汽车都是大功率、高速的运动型跑车。兰博基尼的标志如图 3.1.9 所示。

图 3.1.8　Huracan LP610-4　　　　图 3.1.9　兰博基尼车标

二、奔驰汽车公司及车标

▶ （一）公司简介

奔驰公司创立于 1926 年，创始人是卡尔·本茨和戈特利布·戴姆勒，公司总部设在德国斯图加特。它的前身是 1886 年成立的奔驰汽车厂和戴姆勒汽车厂。1926 年两厂合并后，叫戴姆勒-奔驰汽车公司，现在，奔驰汽车公司除了以高质量、高性能的豪华汽车闻名外，它也是世界上最著名的大客车和重型载重汽车的生产厂家。

课题三 世界著名汽车厂商及车标

（二）主要品牌及其车标

1. 奔驰品牌

梅赛德斯－奔驰（Mercedes-Benz），被认为是世界上最高档的汽车品牌之一，其完美的技术水平、过硬的质量标准、推陈出新的创新能力以及一系列经典轿跑车款式令人称道。在国际上，该品牌通常被简称为梅赛德斯（Mercedes），而中国内地称其为"奔驰"（因此，又有梅赛德斯－奔驰一说）。

奔驰汽车现有的车系有 A（紧凑型车）、B（紧凑型旅行轿车）、C（中型车）、CLA（紧凑型轿跑车）、CLS（中大型轿跑车）、E（中大型轿车）、G（越野车）、GLA（紧凑SUV）、GLB（紧凑SUV）、GLC（中型SUV）、GLE（中大型SUV）、GLS（大型SUV）、S（大型轿车）、SL（中型跑车）、SLC（紧凑型跑车）、V（中大型MPV）。其中奔驰S级轿车是德国戴姆勒集团旗下品牌梅赛德斯－奔驰推出的顶级豪华车，在安全性、汽车工程和环境保护方面，具备30种以上先进的增强性设备，是令人信赖的优秀座驾，图3.1.10为奔驰S600。

1909年6月，戴姆勒公司申请登记了"三叉星"作为轿车的标志，象征着陆上、水上和空中的机械化。1916年在它的四周加上了一个圆圈，在圆的上方镶嵌了4颗小星，下面有"Mercedes"的字样。"Mercedes"是幸福的意思，意为戴姆勒生产的汽车将为车主们带来幸福，图3.1.11为奔驰车标。

图3.1.10 奔驰S600　　　　　　　　图3.1.11 奔驰车标

2. 迈巴赫品牌

迈巴赫（MAYBACH）品牌首创于20世纪20年代。被誉为"设计之王"的威廉·迈巴赫（Wilhelm Maybach）不但是戴姆勒－奔驰公司的三位主要创始人之一，更是世界首辆梅赛德斯－奔驰汽车的发明者之一。1919年，难舍汽车梦想的威廉·迈巴赫与其子卡尔·迈巴赫（Carl Maybach）共同缔造了"迈巴赫"这一传奇品牌——一个象征着完美和昂贵的轿车。

迈巴赫的高性能展示车Exelero在柏林首次向世界亮相。迈巴赫Exelero全球只有一辆，而且售价高达惊人的500万欧元（约合人民币5 300万元）。迈巴赫Exelero是一辆双门两座的跑车，装配由Fulda Reifenwerke提供的独有V12双涡轮增压引擎，可以爆发

出惊人的700匹马力。此外,迈巴赫还配备了最新开发的宽体轮胎。德国的设计者宣称,这辆特别的豪华跑车的设计灵感来源于20世纪30年代流行的设计风格,图3.1.12为迈巴赫Exelero。

迈巴赫品牌标志由两个交叉的M围绕在一个球面三角形里组成。品牌创建伊始的两个M代表的是Maybach Motorenbau的缩写,而现在两个M代表的是Maybach Manufaktur的缩写。迈巴赫车标如图3.1.13所示。

图3.1.12 迈巴赫Exelero

图3.1.13 迈巴赫车标

3. Smart的品牌

Smart中的S代表了斯沃奇（Swatch）,M代表了戴姆勒集团（Mercedes-Benz）,而art则是英文中艺术的意思,合起来可以理解为,这部车代表了斯沃奇和戴姆勒合作的艺术,而Smart车名本身在英文中也有聪明伶俐的意思,这也契合了Smart公司的设计理念。

Smart对环境的危害是很小的,戴姆勒·克莱斯勒强调该车几乎所有的部件都是由人造的东西组成。钢底盘为粉末涂层而非常规的油漆,因此没有溶剂,没有油漆污染,也没有废水流出。同时它是有标准件的产品,超过85%的东西可以循环再造,图3.1.14为Smart Fortwo。

图3.1.14 Smart Fortwo

三、宝马汽车公司及车标

(一) 公司简介

宝马是驰名世界的汽车企业之一,也是高档汽车生产业的先导。宝马公司创建于1916年,总部设在德国慕尼黑。90多年来,它由最初的一家飞机引擎生产厂发展成为今天以高级轿车为主导,并生产享誉全球的飞机引擎、越野车和摩托车的企业集团。

宝马的前身是一家飞机工厂,成立于1916年3月7日,最初以制造流线型的双翼侦察机闻名于世。这家公司的名字叫BFW（Bayerische Flug Zeug-Werke）,"巴伐利亚飞机制造厂"，公司始创人是吉斯坦·奥托（Gustan Otto），其父是大名鼎鼎的四冲程内燃机的发明者。吉斯坦在航空领域的辉煌成就，使他怀着很大的野心制造汽车，他这一决定为汽车史写下了光荣的一页，那就是制造了今天受到万千车迷爱戴的德国宝马汽车了。

(二) 主要品牌及车标

1. 宝马品牌

目前，宝马车系有1、2、3、4、5、6、7、8（停产）、i、M、X、Z几个系列。其中，1系是小型汽车，2系是小型轿跑，3系是中型汽车，4系是中型轿跑（含敞篷），5系是中大型汽车，6系是中大型轿跑（含敞篷），7系是豪华型高级轿车，i系代表着宝马新能源汽车和新一代出行解决方案，致力于混动、增程式电动车和插电式电动车领域。M是宝马的高性能与跑车版本，X系是宝马特定的SUV（运动型多功能汽车）车系，Z系是宝马的入门级跑车。图3.1.15为宝马i8。

宝马车标中的字母B.M.W.是巴伐利亚汽车制造厂的意思，蓝白相间的图案是公司所在地巴伐利亚州的州徽，用来表示宝马来自巴伐利亚州的纯正血统。蓝白相间图案又代表蓝天、白云和旋转不停的螺旋桨，喻示宝马公司渊源悠久的历史，象征该公司过去在航空发动机技术方面的领先地位，又象征公司一贯的宗旨和目标：在广阔的时空中，以先进精湛的技术、最新的观念，来满足顾客的最大愿望。反映了公司蓬勃向上的气势和日新月异的新面貌。图3.1.16为宝马车标。

图3.1.15 宝马i8

图3.1.16 宝马车标

2. 劳斯莱斯品牌

劳斯莱斯（Rolls-Royce）是世界顶级豪华轿车厂商，1906年成立于英国，公司创始人为亨利·莱斯（Frederick Henry Royce）和查理·劳斯（Charles Stewart Rolls）。劳斯莱斯出产的轿车是顶级汽车的杰出代表，以豪华而享誉全球。除了制造汽车，劳斯莱斯还涉足飞机发动机制造领域，是世界上最优秀的发动机制造厂商，著名的波音客机用的就是劳斯莱斯的发动机。2003年劳斯莱斯汽车公司被宝马接手。

目前，劳斯莱斯的主要车型有幻影（Phantom）、魅影（Wraith）、古思特（Ghost）等，图3.1.17为劳斯莱斯幻影。

任务一 德国汽车公司及车标

劳斯莱斯的标志图案采用双 R 字样，是两位创始人名字的首字母，两个"R"重叠在一起，象征着你中有我、我中有你，体现了两人融洽、和谐的关系（见图 3.1.18）。

图 3.1.17 劳斯莱斯幻影

图 3.1.18 劳斯莱斯标志

3．迷你品牌

迷你（Mini）是一款风靡全球、个性十足的小型两厢车，1959 年 8 月 26 日由英国汽车公司（BMC）推出，在半个多世纪的历史里，Mini 获得了巨大的成功。2000 年旧款 Mini 停止生产，Mini 品牌的新持有者宝马宣布推出 Mini 的继承车款，并将新车的品牌定为 MINI（全为大写英文字母）。迷你车标如图 3.1.19 所示。

目前 MINI 的车型主要有，轿车：MINI、MINI ROADSTER、MINI CLUBMAN，SUV：MINI COUNTRYMANMINI、PACEMAN，跑车：MINI COUPE 等。图 3.1.20 为 MINI COUPE。

图 3.1.19 迷你车标　　　　　　　　图 3.1.20 MINI COUPE

55

任务二　美国汽车公司及车标

一、通用汽车公司及车标

（一）公司简介

通用汽车公司（GM）成立于 1908 年 9 月 16 日。自从威廉·杜兰特创建了美国通用汽车公司以来，通用汽车在全球生产和销售包括雪佛兰、别克、GMC、凯迪拉克、宝骏、霍顿、欧宝、沃克斯豪尔以及五菱等一系列品牌车型并提供服务。2014 年，通用汽车旗下多个品牌全系列车型畅销于全球 120 多个国家和地区，包括电动车、微车、重型全尺寸卡车、紧凑型车及敞篷车。其标志 GM 取自其英文名称（General Motors Corporation）的前两个单词的第一个字母。通用汽车公司各车型商标都采用了公司下属分部的标志，如图 3.2.1 所示。

图 3.2.1　通用标志

（二）主要品牌及车标

1．别克品牌

1903 年 5 月 19 日，大卫·别克（David Buick）在布里斯科史弟的帮助下创建了别克汽车公司。1908 年它的产量达到 8 820 辆，居美国第一位，并以别克公司为中心成立了通用汽车公司。别克部门是通用汽车公司的第二大部门。别克车具有大马力、个性化、实用性和成熟的特点。

别克（BUICK）商标中以形似"三颗子弹"的图案为其图形商标，图中那三颗颜色不

任务二 美国汽车公司及车标

同（从左到右：红、白、蓝三种颜色）并依次排列在不同高度位置上的子弹，给人一种积极进取、不断攀登的感觉；它表示别克采用顶级技术，刃刃见锋；也表示别克培养的人才个个游刃有余，是无坚不摧、勇于攀登的勇士。如图 3.2.2 所示。

目前，别克主要有凯越、英朗、威朗、阅朗、君威、君越、昂科雷、昂科威、昂科拉、GL6、GL8、纯电动 VELITE6 等车型。别克在美国的汽车历史中占有相当重要的地位，它是美国通用汽车公司的一大台柱，带动了整个汽车工业水平的进步，并成为其他汽车公司追随的榜样。图 3.2.3 为别克 GL8。

图 3.2.2 别克车标

图 3.2.3 别克 GL8

2. 雪佛兰品牌

雪佛兰的国际品牌血统已经传承了近百年，它是通用汽车全球销量最大的品牌，自 1912 年推出第一部产品以来至今全球总销量已超过 1 亿辆。2012 年，雪佛兰全球销量超过 495 万辆，再创历史新高。作为通用汽车旗下最为国际化和大众化的品牌，雪佛兰拥有强大的技术和市场资源。雪佛兰的品牌定位是一个大众化的值得信赖的国际汽车品牌。品牌个性是：①值得信赖；②聪明务实；③亲和友善；④充满活力。

雪佛兰（Chevrolet）是瑞士的赛车手、工程师路易斯·雪佛兰的名字。雪佛兰商标表示图案化了的蝴蝶结，象征雪佛兰轿车的大方、气派和风度，图 3.2.4 所示为雪佛兰车标。

雪佛兰主要车型有：科鲁泽、全新迈锐宝 XL、沃兰多、新科沃兹、科鲁兹、探界者、创界、第六代科迈罗 RS、库罗德（皮卡）等。图 3.2.5 为科鲁兹。

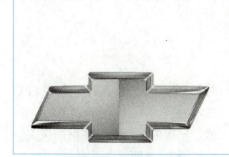

图 3.2.4 雪佛兰车标

图 3.2.5 雪佛兰科鲁兹

3. 凯迪拉克品牌

凯迪拉克1902年诞生于被誉为美国汽车之城的底特律。100多年来，凯迪拉克汽车在汽车行业创造了无数个第一，缔造了无数个豪华车的行业标准，可以说凯迪拉克的历史代表了美国豪华车的历史。

凯迪拉克徽标可谓是其精神内涵的集中体现。著名的花冠盾形取自安东尼·凯迪拉克的族徽，是典型的贵族标志，既表现了底特律城创始人的勇气和荣誉，同时也象征着其在汽车行业中的领导地位。选用"凯迪拉克"之名是为了向法国的皇家贵族、探险家、美国底特律城的创始人安东尼·门斯·凯迪拉克表示敬意。图3.2.6为凯迪拉克车标。

凯迪拉克的主要车型有：凯迪拉克CT系列、凯迪拉克XT系列、LYRIQ。图3.2.7为凯迪拉克XT6。

图3.2.6 凯迪拉克车标

图3.2.7 凯迪拉克XT6

二、福特汽车公司及车标

（一）公司简介

美国福特汽车公司（Ford Motor Company）是由亨利·福特（Henry Ford）于1903年创建的。福特汽车公司是世界上最大的汽车生产商之一，旗下拥有福特（Ford）和林肯（Lincoln）汽车品牌，总部位于密歇根州迪尔伯恩市。除了制造汽车，公司还设有金融服务部门即福特信贷（Ford Credit），主要经营购车金融、车辆租赁和汽车保险方面的业务。

（二）主要品牌及车标

1. 福特品牌

福特汽车的标志是采用福特英文Ford字样，蓝底白字。由于创建人亨利·福特喜欢小动物，所以标志设计者把Ford画成一只小白兔样子的图案。被艺术化了的Ford活泼可爱、充满活力、美观大方，犹如在温馨的大自然中，一只可爱、温顺的小白兔正在向前飞奔，象征福特汽车奔驰在世界各地，令人爱不释手。福特车标如图3.2.8所示。

福特汽车当前在售车型有：福克斯、福睿斯、锐界、蒙迪欧、翼虎、金牛座、探险者等。图3.2.9所示为翼虎。

任务二　美国汽车公司及车标

图 3.2.8　福特车标　　　　　　　　　　　　图 3.2.9　福特翼虎

2. 林肯品牌

"林肯"是福特公司旗下的一个豪华车品牌，创立于 1917 年，创始人为亨利·利兰。其品牌以美国第 16 任总统亚伯拉罕·林肯的名字命名。自 1939 年美国总统富兰克林·罗斯福之后，林肯车以其杰出的性能、典雅的造型和无与伦比的舒适度一直被白宫选为总统专车。它最出名的一款车是肯尼迪总统乘用的检阅车。

林肯轿车借助林肯总统的名字来树立公司的形象，显示该公司生产的是顶级轿车。

其商标是在一个矩形中含有一颗闪闪放光的星辰，表示林肯总统是美国联邦统一和废除奴隶制的启明星，也喻示福特·林肯牌轿车光辉灿烂。标志如图 3.2.10 所示。

林肯品牌著名的产品有：MKC、MKZ、大陆（Continental）、马克八（Mark Ⅷ）、城市（TownCar）和领航员（Navigator）等，在中国使用的林肯轿车多为"城市"系列。图 3.2.11 为 MKC。

图 3.2.10　林肯标志　　　　　　　　　　　图 3.2.11　林肯 MKC

课题三 世界著名汽车厂商及车标

三、克莱斯勒汽车公司及车标

（一）公司简介

1925年，沃特·P·克莱斯勒（Walter. P. Chrysler）脱离了通用汽车公司，自行创建了克莱斯勒汽车公司。克莱斯勒公司主要生产道奇、Jeep、克莱斯勒等汽车，除此之外还经营游艇、钢铁、艇外推进器等业务。

克莱斯勒于1998年被德国戴姆勒集团以330亿美元的价格收购，成立了戴姆勒－克莱斯勒汽车公司，这桩被称为"大象婚姻"的结合未能缔造一个成功的全球汽车集团，相反，美国方面高昂的退休养老成本给戴姆勒带来很大困扰。2007年8月，由美国前财长斯诺统领的私募基金泽普世（Cerberus）资本管理公司完成了对克莱斯勒汽车公司的收购，以74亿美元的价格从戴姆勒－克莱斯勒集团购买了克莱斯勒80.1%的股权。

（二）主要品牌及车标

1. 克莱斯勒品牌

2010年，克莱斯勒发布新版logo。自20世纪90年代中期开始，克莱斯勒开始使用飞翼形标志，此次的变动保留了飞翼，中间是克莱斯勒的英文衬以蓝底，更具有流线型美感，如图3.2.12所示。

克莱斯勒主要车型有克莱斯勒300C、大捷龙等，目前国内均已停售。图3.2.13为克莱斯勒300C。

图3.2.12 克莱斯勒标志　　　　　　　　图3.2.13 克莱斯勒300C

2. Jeep品牌

Jeep是一个品牌，而不是一种车型，更不是一款服装。世界上第一辆Jeep越野车是1941年在第二次世界大战中为美军生产的，至今已有74年的历史。克莱斯勒公司作为Jeep的鼻祖，单独拥有这一注册商标。因此"不是所有吉普都叫Jeep"。追溯Jeep的历史，不难发现其本身就是开创精神的结晶。从声名赫赫的四驱车鼻祖威利斯MB到时代新宠瓦格尼尔，这个源于战争的产物一直延续着自身与生俱来的血脉渊源和至臻至美的艺术气质，通过不断地开拓创新日趋完美，传奇般引领着整个四驱车行业前行的步伐。

在72年的发展历程中，Jeep无疑是最受世人尊敬的品牌，从其自诞生之日起就创造

任务二　美国汽车公司及车标

的无数传奇毋庸置疑。也正是由于Jeep的传奇历史和响亮易记的发音，让不少人将Jeep视为SUV的代名词。而说起四驱车鼻祖威利斯MB，可以说是宿命使然。其间发生的点滴故事更是留给世人无限遐想和评论的空间。图3.2.14为Jeep标志。

目前，Jeep在售车型有：指南者、自由侠、自由光、牧马人、大切诺基等。

图3.2.14　Jeep标志

四、特斯拉公司及标志

 公司简介

特斯拉（Tesla）是美国一家电动汽车及能源公司，总部位于帕洛阿托。2003年7月1日，由马丁·艾伯哈德和马克·塔彭宁共同创立，创始人将公司命名为"特斯拉汽车"，以纪念物理学家尼古拉·特斯拉。特斯拉努力为每一个普通消费者提供其消费能力范围内的纯电动车辆，特斯拉的愿景是加速全球向可持续能源的转变。特斯拉于2012年4月22日正式进入中国。主要车型有：Model S、Model X、Model 3、Model Y。图3.2.15为特斯拉车标，图3.2.16为特斯拉Model 3。

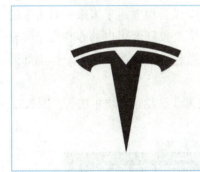

图3.2.15　特斯拉车标　　　　　　　图3.2.16　特斯拉Model 3

61

课题三　世界著名汽车厂商及车标

任务三　日本汽车公司及车标

一、丰田汽车公司及车标

（一）公司简介

丰田汽车公司（Toyota）创始人为丰田喜一郎，总部位于日本爱知县丰田市和东京都文京区。2020年度《财富》世界五百强榜单上丰田汽车位列第十名。2019年丰田汽车销量位列世界第二名，约1,074万台。2020年丰田汽车销量位列世界第一名，达952万台。其旗下品牌主要包括雷克萨斯、丰田等系列高中低端车型。

（二）主要品牌及车标

1. 丰田品牌

丰田公司的三个椭圆的标志是从1990年年初开始使用的。标志中的大椭圆代表地球，中间由两个椭圆组合成一个T字，代表丰田公司。它象征丰田公司立足于未来，对未来的信心和雄心；还象征着丰田公司立足于顾客，对顾客的保证；象征着用户的心和汽车厂家的心是连在一起的，具有相互信赖感；同时喻示着丰田的高超技术和革新潜力。标志如图3.3.1所示。

目前，丰田主要车型有：卡罗拉、荣放、亚洲龙、凯美瑞、汉兰达、埃尔法等。图3.3.2为埃尔法。

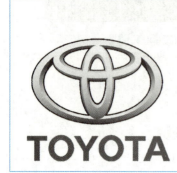

图3.3.1　丰田车标　　　　　　　　　图3.3.2　埃尔法

2. 雷克萨斯品牌

雷克萨斯（LEXUS），全球著名豪华汽车品牌。创立于1983年，仅仅用了十几年的时间，在北美便超过了奔驰、宝马的销量。1999年起至今，其连续位居北美豪华汽车销量第一的宝座。Lexus这个品牌最先是在北美推出的，因为"Lexus"读音与英文"Luxury"（豪华）一词相近，使人联想到该车是豪华轿车的代表。雷克萨斯汽车的商标采用车名"Lexus"字母"L"的大写，"L"的外面是一个椭圆包围的图案。椭圆代表着地球，表示雷克萨斯轿车遍布全世界。雷克萨斯车标如图3.3.3所示。

目前，雷克萨斯主要车型有：雷克萨斯CT、雷克萨斯IS、雷克萨斯ES、雷克萨斯GS、雷克萨斯LS、雷克萨斯NX等。图3.3.4为雷克萨斯CT200h。

图3.3.3 雷克萨斯车标

图3.3.4 雷克萨斯CT200h

二、本田汽车公司及车标

（一）公司简介

本田（HONDA）汽车公司全称为本田技研工业股份有限公司。其前身是本田技术研究所，创建于1948年9月，创始人是传奇人物本田宗一郎，公司总部在东京。该公司是世界上最大的摩托车生产厂家，于1962年开始生产汽车。其汽车产量和规模使本田居世界十大汽车厂家之列。本田先后建立了本田美国公司、本田亚洲公司、本田英国公司，已成为一个跨国汽车、摩托车生产销售集团。它的产品除汽车、摩托车外，还有发电机、农机等。

（二）主要品牌及车标

1. 本田品牌

本田公司在20世纪80年代成立了商标设计研究组，从来自世界各地的2 500多件设计图稿中，确定了现在的三弦音箱式商标，也就是带框的"H"，图案中的H是"本田"拼音Honda的第一个字母。这个标志体现出技术创新、职工完美和经营坚实的特点，同时还有紧张感和可以放松一下的轻松感。本田标志如图3.3.5所示。

目前，本田主要车型有：思域、CR-V、飞度、雅阁、皓影、奥德赛等。图 3.3.6 所示为 CR-V。

图 3.3.5　本田标志

图 3.3.6　CR-V

2. 讴歌品牌

讴歌（ACURA）是日本本田汽车公司旗下的高端子品牌，于 1986 年在美国创立，其名称 Acura 源于拉丁语 Accuracy（精确），标志为一个用于工程测量的卡钳形象，反映出讴歌精湛的造车工艺与追求完美的理念。作为第二个日系豪华汽车品牌，讴歌以个性化和前瞻科技的"运动豪华"理念对豪华车的概念进行了重新诠释，品牌一经推出即在北美市场获得了巨大的成功。讴歌的车型均在北美进行设计、开发和生产，先后开发出了以 TL、RL、MDX 等车型为首的丰富产品线。讴歌品牌于 2006 年 9 月 27 日正式登陆中国市场。图 3.3.7 为讴歌 MDX。

讴歌的车标图案是一个卡钳，寓意讴歌对细节的关注和技术的精湛。最初，讴歌用一把专门用于精确测量的卡钳为车标的原型，作为点睛之笔，由 Honda 创始人和精神领袖本田宗一郎在两个钳把之间加入了一个小横杠，由此用象形的大写字母"A"来代表这一品牌。不论是拉丁语原意，还是作为标志原型的卡钳，都寓意着讴歌这一代表着最高造车水平品牌的核心价值：精确、精密、精致。讴歌车标如图 3.3.8 所示。

图 3.3.7　讴歌 MDX

图 3.3.8　讴歌标志

任务三　日本汽车公司及车标

三、日产汽车公司及车标

（一）公司简介

日产汽车公司创立于1933年，是日本第二大汽车公司，是日本三大汽车制造商之一，也是世界十大汽车公司之一。其前身是户姻铸造公司和日本产业公司合并的汽车制造公司。1934年开始使用现名"日产汽车公司"。日产公司的总部现设在日本东京市，雇员总数近13万人。

（二）主要品牌及车标

1. 日产品牌

日产汽车的公司标志，圆表示太阳，中间的字是"日产"两字的日语拼音形式，整个图案的意思是"以人和汽车的明天为目标"。其图形商标是将NISSAN放在一个火红的太阳上，简明扼要地表明了公司名称，突出了所在国家的形象，这在汽车商标文化中独树一帜。日产标志如图3.3.9所示。

日产主要有：轩逸、奇骏、天籁、逍客、蓝鸟、途达等车型，图3.3.10所示为日产奇骏。

图3.3.9　日产标志　　　　　　　　图3.3.10　日产奇骏

2. 英菲尼迪品牌

英菲尼迪（INFINITI）是日产汽车公司旗下的豪华车品牌，于1989年诞生于北美地区。凭借独特前卫的设计、出色的产品性能和贴心的客户服务，英菲尼迪迅速成为全球豪华汽车市场中最重要的品牌之一。

英菲尼迪的椭圆形标志表现的是一条无限延伸的道路。椭圆曲线代表无限扩张之意，也象征着"全世界"；两条直线代表通往巅峰的道路，象征无尽地发展。英菲尼迪的标志和名称象征着英菲尼迪人的一种永无止境的追求，那就是创造具有全球竞争力的真正豪华车用户体验和最高的客户满意度。英菲尼迪车标如图3.3.11所示。

目前，英菲尼迪国内在售车型主要有：Q50L、QX50、QX60 等。图 3.3.12 为英菲尼迪 QX50。

图 3.3.11　英菲尼迪车标　　　　　　　　　图 3.3.12　英菲尼迪 QX50

四、三菱汽车公司及车标

▶（一）公司简介

三菱汽车（Mitsubishi Motors）是日本的一家跨国汽车制造商，总部在东京港区，于 1970 年从三菱重工业公司独立出来，是日本汽车行业中最年轻的汽车制造公司。另一方面，三菱集团有着生产汽车的悠久历史。早在 1917 年就在日本首次推出了成批生产的"三菱 A 型"轿车。

三菱汽车公司继承了上述的优良业绩和传统，全力以赴，再接再厉，不断研制出各种优质且富有个性的轿车、商用汽车。三菱汽车公司以先进的技术和丰富的经验生产出的各种汽车，在外观、性能、安全性方面均获得了各方的高度评价。

▶（二）主要品牌及车标

三菱品牌

日本三菱汽车以三枚菱形钻石为标志，意为突显其蕴含在雅致的单纯性中深邃灿烂的光华——菱钻式的造车艺术。在过去 75 年的作品中，如 Diamante、GTO、Galant、Mirage、RVR、Pajero 等车款，奠定了三菱在车坛上的菱钻形象。现在，这个标志是三菱各公司全体职工的象征。三菱车标如图 3.3.13 所示。三菱汽车主要车型有：祺智 PHEV、欧蓝德、奕歌、劲炫、帕杰罗等。图 3.3.14 为帕杰罗。

图 3.3.13　三菱车标　　　　　　　　图 3.3.14　帕杰罗

五、马自达汽车公司及车标

（一）公司简介

马自达（MAZDA）公司创立于1920年，总部设在日本广岛，主要销售市场包括亚洲、欧洲和北美洲。马自达是日本最著名的汽车品牌之一，日本第四大汽车制造商，也是世界上唯一研发和生产转子发动机的汽车公司。马自达1931年正式开始在广岛生产小型载货车，20世纪60年代初正式生产轿车。自1981年到2002年，马自达已累积生产了3500多万辆各种汽车。在20世纪90年代之前，马自达汽车公司在日本国内排名仅在丰田、本田、日产之后，也是世界知名的汽车品牌之一。

（二）主要品牌及车标

马自达品牌

自2000年开始，马自达公司通过实施"新千年计划"，使公司的发展进入了一个新的阶段。从2002年开始，马自达公司先后推出了马自达6（MAZDA6）、马自达3（MAZDA3）、马自达2（MAZDA2）、马自达8（MAZDA8）、RX-8和CX-5等一系列新车型，在世界各地都取得了不俗的销售业绩。图3.3.15为马自达CX-5。

图 3.3.15　马自达CX-5

课题三 世界著名汽车厂商及车标

马自达车标为椭圆中展翅飞翔的海鸥，同时又组成了"M"字样。"M"是"MAZDA"的第一个大写字母，预示该公司将展翅高飞，以无穷的创意和真诚的服务迈向新世纪。马自达车标如图 3.3.16 所示。

图 3.3.16　马自达车标

任务四　法国汽车公司及车标

标致-雪铁龙汽车公司及车标

（一）公司简介

标致-雪铁龙集团是一家法国私营汽车制造公司，由标致汽车公司拥有，旗下拥有标致、雪铁龙、DS、欧宝、沃克斯豪尔五大汽车品牌。标致-雪铁龙集团是仅次于德国大众汽车的欧洲第二大汽车制造商。标致-雪铁龙集团是世界知名的汽车制造商，位列全球500强企业前100位，其业务遍及世界150个国家。1976年标致和雪铁龙合并成立了PSA标致-雪铁龙集团，随后于1978年收购了克莱斯勒欧洲子公司，这样，成立于1966年的标致股份有限公司持有两大汽车公司100%的股份。标致-雪铁龙集团也是欧洲第一大轻型商用车生产厂商。

（二）主要品牌及车标

1. 标致品牌

法国标致汽车公司历史悠久，堪称百年老字号，其生产汽车的历史仅次于汽车鼻祖戴姆勒-奔驰。但与戴姆勒-奔驰不同的是，它的历史并不是从汽车业开始的。在进入汽车业前，曾涉足五金工具、家用电器、裙撑、望远镜、猎枪、收音机、缝纫机等行业。在汽车时代来临之前，标致自行车、摩托车和运输卡车的生产规模也相当庞大。1976年4月，标致取得米其林掌握的雪铁龙90%的股份，作为交换，米其林获得了10%的标致股份，成立了"PSA标致雪-铁龙"控股公司。

标致品牌主要有：标致2008、标致408、标致4008、标致508、标致5008等车型。图3.4.1为标致4008。

标致车标以一只站立的雄狮为图案。雄狮是标致家族的徽章，既

图3.4.1　标致4008

突出力量，又强调节奏，富有时代感，喻示着标致汽车像雄狮一样威武、敏捷，永远保持旺盛的生命力。这尊小狮子后来成为标致汽车公司所在地蒙贝利亚尔省的省徽。标致车标如图 3.4.2 所示。

图 3.4.2　标致车标

2. 雪铁龙品牌

雪铁龙汽车公司创立于 1915 年，创始人是安德烈·雪铁龙，公司总部设在法国巴黎，主要产品是小客车和轻型载货车。

目前，该公司生产的主要有雪铁龙 C3、雪铁龙 C4、雪铁龙 C5、雪铁龙 C4L、世嘉、爱丽舍等车型。雪铁龙 C5 如图 3.4.3 所示。

雪铁龙标志以双人字标为基础，同时整体采用富有金属感的色泽，轮廓立体圆润，极富时尚、现代气息。双人字造型是雪铁龙标识永恒的主题，以此纪念发明了人字形齿轮传动系统的雪铁龙创始人安德烈·雪铁龙。雪铁龙车标如图 3.4.4 所示。

图 3.4.3　雪铁龙 C5　　　　　　　　　　图 3.4.4　雪铁龙车标

任务五　意大利汽车公司及车标

菲亚特汽车公司及车标

（一）公司简介

世界十大汽车公司之一菲亚特汽车公司始建于1899年7月，创始人是乔瓦尼·阿涅利。它是世界上第一个生产微型车的汽车生产厂家。公司全称是意大利都灵汽车制造厂，菲亚特（FIAT）是该公司缩写的译音，FIAT也是该公司产品的商标。集团总部设在意大利都灵市，现任董事长是创始人的长孙。汽车部雇员27万人左右，在100多个国家有子公司和销售机构。其轿车部门主要有菲亚特、玛莎拉蒂、法拉利、阿尔法·罗密欧和蓝旗亚公司。工程车辆公司有依维柯公司。

（二）主要品牌及车标

1. 菲亚特品牌

菲亚特公司的标志几经变迁，1899年，阿涅利在意大利西北城市都灵创建菲亚特公司。该公司开始采用盾形商标；1906年，开始采用公司的全称四个单词的第一个大写字母"F.I.A.T"为商标。"FIAT"在英语中具有"法令""许可"的含义，因此在客户的心目中，菲亚特轿车具有较高的合法性与可靠性，深得用户的信赖。菲亚特标志如图3.5.1所示。

目前，菲亚特主要有Ottimo致悦、菲翔、菲亚特500、菲跃等车型。图3.5.2为菲翔。

图3.5.1　菲亚特标志

图3.5.2　菲翔

2. 玛莎拉蒂品牌

玛莎拉蒂（MASERATI）是一家意大利豪华汽车制造商，1914年12月1日成立于博洛尼亚（Bologna），公司总部现设于摩德纳（Modena）。1993年菲亚特收购了玛莎拉蒂，但品牌得以保留。而今的玛莎拉蒂全新轿跑系列是意大利顶尖轿跑车制作技术的体现，也是意大利设计美学以及优质工匠设计思维的完美结合。

玛莎拉蒂汽车的标志是在树叶形的底座上放置的一支三叉戟，这是公司所在地意大利博洛尼亚市的市徽，相传为罗马神话中的海神纳普秋手中的武器，显示出海神巨大无比的威力。玛莎拉蒂代表着非凡的精致、永恒的风格和强烈的情感，最重要的是代表着梦想成真。玛莎拉蒂汽车始终是尊贵品质与运动精神完美融合的象征。玛莎拉蒂汽车的标志如图3.5.3所示。

玛莎拉蒂主要有Ghibli、总裁、Gran Turismo、Gran Cabrio等车型。图3.5.4为总裁。

图3.5.3　玛莎拉蒂汽车标志

图3.5.4　总裁

3. 法拉利品牌

法拉利（Ferrari）是一家意大利汽车生产商，1929年由恩佐·法拉利（Enzo Ferrari）创办，公司总部在意大利的马拉内罗，主要制造一级方程式赛车、赛车及高性能跑车。法拉利是世界闻名的赛车和运动跑车的生产厂家，早期的法拉利赞助赛车手及生产赛车，1947年独立生产汽车。菲亚特拥有法拉利90%的股权，但法拉利却能独立于菲亚特运营。法拉利汽车大部分采用手工制造，产量很低。2011年法拉利共交付7 195台新车，为法拉利史上最佳销售业绩。

法拉利的标志是一匹跃起的马。意大利有一位表现出色的飞行员，他的飞机上就有一匹会给他带来好运的跃马。在法拉利最初的赛车比赛获胜后，飞行员的父母亲——一对伯爵夫妇建议：法拉利也应在车上印上这匹带来好运气的跃马。后来飞行员死了，马就变成了黑颜色。而标志底色为公司原所在地摩德纳的金丝雀的颜色。法拉利车的商标上部的绿白红三色是意大利的国旗色，下部是法拉利的意文名。那匹腾空跃起的黑马，彪悍而有几分野性，它伴随着法拉利赛车驰骋于赛场。法拉利标志如图3.5.5所示。

目前法拉利主要有California、法拉利458、法拉利FF、法拉利488等车型。图3.5.6为法拉利458。

任务五　意大利汽车公司及车标

图 3.5.5　法拉利标志

图 3.5.6　法拉利 458

4．阿尔法·罗密欧品牌

阿尔法·罗密欧（ALFA ROMEO）是意大利著名的轿车和跑车制造商，创建于 1910 年，总部设在米兰。公司原名为 ALFA（Anonima Lombarda Fabbrica Automobili，伦巴第汽车制造厂），其前身可追溯至 1907 年由 Alessandre Darracq 在米兰创建的一个汽车公司。1916 年，那不勒斯的尼古拉·罗密欧（Nicola Romeo）入主该公司，并将自己的家族姓氏融入公司名称中，从而成为今日的阿尔法·罗密欧。1986 年该公司被菲亚特集团收购。

就像这个车标一样，阿尔法·罗密欧的风格如此特别，在现代的风格中带有历史的回归，暗示着始终创新与技术完美，有着诗意的名字，就像一个梦中的精灵。意大利评论家伍波托·依可曾说过："如果其他国家创造了设计理论，那么意大利就创造了设计的哲学，或者说是创造了一种观念。"在这个"设计的国度"中，盛产的是性感的时装、家具、顶级跑车……杰出的设计使汽车不再仅仅是代步工具，而成为梦想的象征物、超越平凡世界的入口——阿尔法·罗密欧无疑是其中的佼佼者。阿尔法·罗密欧车标如图 3.5.7 所示。

图 3.5.7　阿尔法·罗密欧车标

任务六　中国著名汽车公司、品牌及车标

一、第一汽车集团公司、品牌及车标

（一）公司简介

中国第一汽车集团公司简称"中国一汽"或"一汽"，英文名称为FAW，国有特大型汽车生产企业。一汽总部位于吉林省长春市，前身是第一汽车制造厂。一汽1953年奠基兴建，1956年建成并投产，制造出了新中国第一辆解放牌载货车。1958年制造出了新中国第一辆东风牌小轿车和第一辆红旗牌高级轿车。一汽的建成，开创了中国汽车工业新的历史。经过60多年的发展，一汽已经成为国内最大的汽车企业集团。

伴随着新中国前进的脚步，几代一汽人走过了史诗般的创业拼搏历程，在新中国汽车工业发展史上写下了可歌可泣的壮丽篇章。第一次创业，一汽人发扬艰苦创业、刻苦学习的精神，在荒原上创造了3年建厂并投产的奇迹，结束了中国不能制造汽车的历史；第二次创业，一汽人弘扬愚公移山、务求必胜的精神，在不停产不减产的前提下闯出一条产品换型和工厂改造的新路，甩掉了解放卡车"30年一贯制"的帽子；第三次创业，一汽人传承"学习、创新、抗争、自强"的企业精神，成功实现了上轻型车、上轿车，形成了中、重、轻、轿、客、微产品系列的格局，开辟了企业全面发展的新局面。

中国第一汽车集团有限公司拥有职能部门26个，分公司6个，全资子公司9个，控股子公司5个，参股子公司24个。其中上市公司4家，分别是：一汽轿车股份有限公司、天津一汽夏利汽车股份有限公司、长春一汽富维汽车零部件股份有限公司、启明信息技术股份有限公司。中国一汽在册员工15万人，资产总额4340亿元。

目前，一汽拥有一汽吉林、天津一汽、一汽解放、一汽红旗、一汽奔腾、一汽海马等自主品牌和一汽大众、一汽奥迪、一汽丰田、一汽马自达等合资品牌。

一汽集团公司的车标是以"1"字为视觉中心，由"汽"字构成展翅的鹰形，构成了雄鹰在蔚蓝天空的视觉景象，寓意中国一汽搏击长空、展翅翱翔。一汽车标如图3.6.1所示。

任务六　中国著名汽车公司、品牌及车标

图 3.6.1　一汽车标

（二）主要品牌及车标

1. 红旗品牌

红旗汽车是一款中国一汽制造的汽车，诞生于 1958 年。1958 年 7 月 28 日，一辆红旗牌载重汽车和一辆红旗牌 35 座客车在长春汽车配件厂正式下线。1958 年 7 月 30 日，长春市委和长春市人民代表大会常务委员会举行红旗牌汽车剪彩仪式。2013 年 6 月 17 日，外交部公共外交办公室官方微博"外交小灵通"发布消息称，外交部部长王毅的公务用车使用国产红旗 H7 轿车。红旗 H7 如图 3.6.2 所示。

图 3.6.2　红旗 H7

红旗轿车的标志由两部分构成：红旗文字和红旗图案，象征着红旗百折不挠的精神。红旗图形商标立在发动机罩的前端；另一商标是在椭圆中的带羽毛的阿拉伯数字 1，强调中国第一品牌的意义，该商标镶嵌在散热器的正中；文字红旗商标则标注在车尾。红旗轿车标志如图 3.6.3 所示。

图 3.6.3　红旗轿车标志

2. 解放品牌

一汽解放汽车有限公司是中国一汽集团旗下的中重型卡车企业，总部位于吉林省长春市，员工23 000人，整个车厂年生产能力为20万辆。一汽解放中重型卡车分为载货车、牵引车、工程车、专用车四大系列和J6P、J6M、J6L、J5P、J5M、J5K、J4R、大威、三赛、矿山自卸10余个大产品平台，发动机功率覆盖40～540马力。有牵引、自卸、平板、仓栅、畜禽、厢式、冷藏、罐类、邮政、随车吊、搅拌、特种车等车型，共1 000多个品种。解放J6P如图3.6.4所示。

"解放"是毛泽东亲自命名的，也是我国第一个汽车品牌，如图3.6.5所示。

图3.6.4　解放J6P

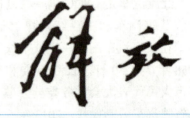

图3.6.5　解放车标志

3. 奔腾品牌

"奔腾"作为一汽轿车旗下与"红旗"并列的品牌，于2006年5月18日首次亮相。2018年10月17日，一汽奔腾发布"新奔腾"品牌发展战略，并正式启用新LOGO"世界之窗"。同时，新奔腾品牌也将正式启用全新设计的英文标识："BESTUNE"。

"BESTUNE"由"BEST"和"TUNE"共同组成："BEST"象征着最好、最高、最适合，代表着新奔腾品牌为用户提供顶级标准的产品和服务的美好心愿；"TUNE"是节奏，是旋律，是潮流，伴随青春的节奏、运动的旋律、时代的潮流，消费者向往的汽车生活新篇章从此展开。奔腾新标志如图3.6.6所示。

图3.6.6　奔腾标志

76

任务六 中国著名汽车公司、品牌及车标

目前奔腾主要在售车型有：奔腾 T99、奔腾 T77、奔腾 B70、奔腾 E01 等。图 3.6.7 为奔腾 T77。

图 3.6.7　奔腾 T77

二、北京汽车工业控股有限责任公司、品牌及车标

（一）公司简介

北汽控股公司是北京汽车工业的发展规划中心、资本运营中心、产品开发中心和人才中心，拥有整车制造、零部件制造、汽车服务贸易、研发、教育和投融资等企（事）业单位。整车制造企业包括北汽福田汽车股份有限公司、北京现代汽车有限公司、北京奔驰－戴姆勒·克莱斯勒汽车有限公司、北京汽车制造厂有限公司；零部件发展核心企业为北京海纳川汽车部件股份有限公司；服务贸易核心企业为北京鹏龙汽车服务贸易有限公司；此外还拥有北京汽车研究总院有限公司、北京汽车资产经营管理有限公司、北京汽车投资公司和北京汽车工业高级技工学校。北汽部分合资车型如图 3.6.8 所示。

朗动

克莱斯勒300C

奔驰E200

奔驰GLA20

图 3.6.8　北汽部分合资车型

课题三 世界著名汽车厂商及车标

北汽集团新发布的品牌标识将"北"字作为设计的出发点,"北"既象征了中国北京,又代表了北汽集团,体现出企业的地域属性与身份象征。它传承与发展了北汽集团的原有形象,呈现出一种新的活力,表达了北汽集团立足北京,放眼全球的远大目标。标志中的"北"字,犹如两扇打开的大门,它是北京之门、北汽之门、开放之门、未来之门,标志着北汽集团更加市场化、集团化、国际化,与集团全新的品牌口号"融世界,创未来"相辅相成,表明北汽将以全新的、开放包容的姿态启动新的品牌战略。北汽标志如图3.6.9所示。

图3.6.9 北汽标志

(二)福田品牌及车标

北汽福田汽车股份有限公司(简称福田汽车),是一家跨地区、跨行业、跨所有制的国有控股上市公司。总部位于北京市昌平区,现有资产300多亿元,品牌价值达671.27亿元,员工近4万人。

福田汽车是中国汽车行业自主品牌和自主创新的中坚力量。自成立以来,福田汽车以令业界称奇的"福田速度"实现了快速发展,累计产销汽车超500万辆,曾连续两年位居世界商用车销量第一。福田汽车旗下拥有欧曼、欧马可、奥铃、拓陆者、蒙派克、迷迪、萨普、风景、时代等产品。

福田的标志整体结构坚实有力,符合汽车行业特定的气质特征,以钻石图案表现了企业在产品质量上追求完美。钻石图案给人以透明、纯净之感,体现了企业诚信的价值观。三条边象征福田所涉及的汽车、房地产和金融产业。图形棱角分明,富有科技感。三角形状体现了稳固的结构,象征团结、合作。整体图案的空间感、立体感强,体现了追求完美。福田标志如图3.6.10所示。

图3.6.10 福田标志

三、上海汽车工业(集团)总公司、品牌及车标

(一)公司简介

上海汽车集团股份有限公司(简称"上汽集团")是中国三大汽车集团之一。目前,上汽集团主要业务涵盖整车(包括乘用车、商用车)、零部件(包括发动机、变速箱、动力传动、底盘、内外饰、电子电器等)的研发、生产、销售,以及物流、车载信息、二手车等汽车服务贸易业务和汽车金融业务。上汽集团的标志如图3.6.11所示。

上汽集团所属的主要整车企业包括乘用车公司、商用车公司、上海大众、上海通用、上汽通用五菱、南京依维柯、上汽依维柯红岩、上海申沃等。上汽大众帕萨特、上汽通用别克英朗、上汽通用雪佛兰科鲁兹分别如图3.6.12、图3.6.13、图3.6.14所示。

2014年，上汽集团整车销量达到562万辆，同比增长10.6%，继续保持国内汽车市场领先优势，并以2014年度1,022.48亿美元的合并销售收入，第12次入选《财富》杂志世界500强，排名第60位，比上一年上升25位。2019年9月，2019中国制造业企业500强榜单发布，上海汽车集团股份有限公司排名第2位。2019年10月16日，中国机械500强企业名单发布，上汽位居第三。"一带一路"中国企业100强榜单排名第55位。

图3.6.11　上汽集团标志　　　　图3.6.12　上汽大众帕萨特

图3.6.13　上汽通用别克英朗　　　　图3.6.14　上汽通用雪佛兰科鲁兹

（二）主要品牌及车标

荣威品牌。

荣威（ROEWE）是上海汽车工业（集团）总公司旗下的一款汽车品牌，于2006年10月推出。该品牌的汽车技术来源于上海汽车之前收购的罗孚，但上海汽车并未收购"罗孚"品牌。2006年10月12日，上海汽车（集团）股份有限公司（以下简称"上海汽车股份"）正式对外宣布，其自主品牌定名为"荣威"，取意"创新殊荣、威仪四海"。荣威的品牌在4年时间里发展迅速，其产品已经覆盖了中级车与中高级车市场，"科技化"已经成为荣威汽车的品牌标签。荣威品牌的口号为"品位，科技，实现"。

荣威品牌商标图案是一个稳定而坚固的盾形，暗喻其产品可信赖的尊崇品质，及上海汽车自主创新、国际化发展的坚定决心与意志。红、黑、金三个主要色调是中国最经典、最具内涵的三种颜色，红色代表中国传统的热烈与喜庆，金色代表富贵，黑色则象征威仪和庄重。两只站立的东方雄狮气宇轩昂、凛然而不可冒犯，代表着吉祥、威严、庄重，也是王者与勇敢精神的象征，其昂然站立的姿态传递出一种崛起与爆发的力量感。图案的中间是双狮护卫着的华表。华表是中华文化中的经典图腾符号，不仅蕴含了民族的威仪，同时具有高瞻远瞩，祈福社稷繁荣、和谐发展的寓意。荣威车标如图3.6.15所示。

目前荣威主要在售车型有：荣威i5、荣威i6、荣威RX3、荣威RX5等。图3.6.16为荣威RX5。

图3.6.15　荣威车标

图3.6.16　荣威RX5

四、广州汽车工业集团有限公司、品牌及车标

公司简介

广州汽车集团股份有限公司（简称"广汽集团"）是一家大型国有控股股份制企业集团，其前身为成立于1997年6月的广州汽车集团有限公司。目前集团旗下拥有广汽乘用车、广汽本田、广汽丰田、广汽三菱、广汽菲亚特、广汽吉奥、广汽中兴、本田（中国）、广汽日野、广汽客车、五羊本田、广汽部件、广汽丰田发动机、上海日野发动机、广汽商贸、同方环球、中隆投资、广汽汇理、广爱公司、众诚保险、广汽资本、广汽研究院等数十家知名企业与研发机构。广汽标志如图3.6.17所示。

图3.6.17　广汽标志

广汽集团以"铸造社会信赖的公众公司"为目标，不断提升经济效益，持续改进资产质量，赢利能力不断提升，取得了良好的财务绩效。同时，集团制定了相对稳定、连续的利润分配方案，积极回报股东；集团坚持依法纳税，为国家创造的税收逐年增加。继2013年后，广汽集团再度入选2014年《财富》杂志世界500强企业，排名大幅跃升至

117位；旗下自主品牌传祺在2014年的J.D.Power亚太公司中国新车质量研究报告中再次蝉联J.D.Power中国品牌第一。2017年，广汽集团汽车的产销量分别达201.7和200.1万辆，同比增长21.54%和21.27%；营业总收入为3397.73亿元，同比增长23.21%。2018年《财富》世界500强排行榜中，广汽集团位居第202名，比2017年排名上升36位。广汽本田飞度和广汽丰田致炫分别如图3.6.18、图3.6.19所示。

图3.6.18　广汽本田飞度

图3.6.19　广汽丰田致炫

五、长安汽车集团公司、品牌及车标

公司简介

中国长安（中国长安汽车集团股份有限公司）原名为中国南方工业汽车股份有限公司，成立于2005年12月，2009年7月1日改为现名，是中国兵器装备集团公司、中国航空工业集团公司两大世界500强及中国50强企业强强联手，对旗下汽车产业进行的战略重组，成立的一家特大型企业集团，是中国四大汽车集团之一，总部设在北京，长安汽车集团标志如图3.6.20所示。

图3.6.20　长安汽车集团标志

此外，公司还拥有哈飞、江铃、江滨、山川、建安、天雁、青山变速器、华川电装、宁达减震器等众多整车及汽车零部件品牌。在做大做强自主品牌的同时，中国长安以开放的胸怀、全球的视野，不断加大在国际领域的战略合作。在整车领域与福特、马自达、铃木、标致-雪铁龙等国际知名汽车生产商开展深入合作，为中国消费者带来了众多经典的汽车产品；在零部件领域与美国天合（TRW）、日本三菱、日本昭和、澳洲空调国际、英国吉凯恩（GKN）建立了广泛的资本合作关系。长安Lumin和长安UNI-K分别如图3.6.21、图3.6.22所示。

图 3.6.21　长安 Lumin

图 3.6.22　长安 UNI-K

六、比亚迪汽车公司

公司简介

比亚迪股份有限公司。创立于 1995 年，2002 年 7 月 31 日在香港主板发行上市，公司总部位于中国广东深圳，是一家拥有 IT、汽车及新能源三大产业群的高新技术民营企业。目前稳居全球第一大充电电池生产商地位，镍镉电池、手机锂电池出货量全球第一。2003 年，从 IT 电池领域进入汽车制造业，并快速成长为最具创新的新锐民族自主汽车品牌，更以独特技术领先全球电动车市场。比亚迪成功推出了太阳能电站、储能电站、纯电动车，引领着全球新能源的变革。目前已建成广东、北京、陕西、上海、长沙等十一大工业园，占地面积逾 1 500 万平方米，并在美国、欧洲、日本、韩国、印度、中国台湾、中国香港等地设有分公司或办事处，全球已拥有逾 18 万员工。

2022 年 2 月 17 日，比亚迪集团宣布对其品牌进行焕新升级，发布新标识。此外，其旗下的比亚迪汽车也对标识进行了升级。比亚迪新标识将不再沿用原有的蓝白相间色，从字体的排列、图形的颜色都发生了巨大变化，突出了比亚迪汽车的创新、科技和企业文化精髓，令比亚迪品牌注入了新的内涵和活力。比亚迪新标识更加简洁直观，并具有国际化元素。通过这次换标，比亚迪汽车将围绕打造国际品牌这个目标，全面促进企业产、科、研、销各个层面国际品牌意识的提高，不断提高企业的市场洞察力，最终达到比亚迪品牌的优质和高含金量。比亚迪新旧车标如图 3.6.23 所示。

比亚迪新能源技术创新：

1. DM 技术（Dual Mode 技术）

DM 技术即 Dual Mode 技术，是比亚迪双模混合动力技术的简称，是一种开创性的插电混合动力技术。截止至 2020 年，比亚迪 DM 技术已成为全球市场装机量最大的插电式混合动力技术。

2. 刀片电池

比亚迪基于环境治理和供应链安全考虑，在新能源产业链技术基础上，通过不断集成创新，在2020年3月推出了高安全的刀片电池。刀片电池是比亚迪最新开发的新一代磷酸铁锂电池，其采用自家研发的长度大于0.6米的大电芯，电池单体同样向大容量进化，但电芯形状更加扁平、窄小，通过阵列的方式排布在一起，就像"刀片"一样插入到电池包里，故被称之为"刀片电池"。

3. e 平台

比亚迪推出的e平台，兼具自主创新、高度集成、超凡性能的特点，可实现整车重量的减轻、整车布局的优化、能耗效率的提升和可靠性的提高，同时大幅降低造车成本，是全球范围内技术领先、成熟、可靠、安全的纯电动解决方案，被称为33111。2021年4月19日，比亚迪在上海国际车展发布新一代e平台（e平台3.0）。基于e平台3.0打造的电动车，零百加速最快仅需2.9秒，续航里程最大可突破1000公里。百公里电耗比同级别车型降低10%，冬季续航里程至少提升10%。

4. 比亚迪 CTB 技术

比亚迪 CTB 技术和传统 CTP 技术相比，从电池"三明治"结构变成了整车"三明治"结构，将车身底板与电池上盖板合二为一，"刀片电池"采用类蜂窝三明治结构。比亚迪 CTB 电池系统体积利用率提升至66%，并作为车身结构件参与整车安全，使整车扭转刚度提升一倍。

目前比亚迪主要车型有：海豚、海豹、秦、汉、唐、宋、元等新能源车型。图3.6.24为比亚迪汉。

图 3.6.23　比亚迪旧车标（左）、新车标（右）　　　图 3.6.24　比亚迪汉

七、吉利汽车公司

> 公司简介

浙江吉利控股集团（吉利汽车）始建于1986年，1997年进入汽车行业，多年来专注实业，专注技术创新和人才培养，取得了快速发展。现资产总值超过千亿元，连续三年进入世界500强，连续十二年进入中国企业500强，连续九年进入中国汽车行业十强，是国家"创新型企业"和"国家汽车整车出口基地企业"。2009年12月23日，成功收购沃尔沃汽车100%的股权。

吉利控股集团旗下拥有吉利汽车、领克汽车、沃尔沃汽车、Polestar、宝腾汽车、路特斯汽车、伦敦电动汽车、远程新能源商用车、太力飞行汽车、曹操专车、荷马、盛宝银行、铭泰等众多国际知名品牌。吉利控股集团在新能源科技、共享出行、车联网、无人驾驶、车载芯片、操作系统、低轨卫星、激光通讯、太空探索等前沿技术方面不断提升能力，成立吉利科技集团。

目前吉利汽车主要车型有：星瑞、博越、帝豪、缤瑞、远景等。领克汽车主要车型有：领克01、领克02、领克03、领克05、领克09等。沃尔沃主要车型有：沃尔沃S60、沃尔沃XC60、沃尔沃S90、沃尔沃XC40等。吉利车标如图3.6.25所示，领克05汽车如图3.5.26所示。

图 3.6.25　吉利车标　　　　　图 3.6.26　领克 05

八、奇瑞汽车公司

公司简介

奇瑞汽车股份有限公司成立于1997年1月8日，是我国改革开放后，通过自主创新成长起来的最具代表性的自主品牌汽车企业之一。公司成立18年来，始终坚持自主创新，逐步建立了完整的技术和产品研发体系，并打造了风云、QQ、瑞虎以及艾瑞泽等一系列在国内家喻户晓的知名产品品牌，而且产品出口到海外80余个国家和地区，在全球范围内具备了一定的品牌知名度。截至2014年上半年，公司累计销量已达450余万辆，其中，累计出口超过100万辆，总销量和出口量均位居中国乘用车企业第一位。

奇瑞全新LOGO并没有经过全新的设计，而是在现有LOGO基础上进行了改进，这也是为了能够让国内消费者重新认识奇瑞品牌而做的努力。奇瑞新LOGO以一个循环椭圆为主题，由三个字母"C""A""C"组成，是 Chery Automobile Company 的缩写。中间镶有钻石状立体三角形，主色调银色代表着质感、科技和未来。中间的钻石形构图，代表了奇瑞汽车对品质的苛求，并以打造钻石般的品质为企业坚持的目标。蓬勃向上的人字形支撑，则代表了奇瑞汽车执着创新、积极乐观、乐于分享的向上能量，支撑起品质、技术、国际化的奇瑞汽车不断前行，同时人字形代表字母A，喻示奇瑞汽车追求卓越和领先的决心和激情，奇瑞车标如图3.6.27所示。

目前，奇瑞主要有艾瑞泽3、艾瑞泽7、艾瑞泽M7、新QQ、瑞虎3、瑞虎5、风云2等车型，新QQ如图3.6.28所示。

任务六 中国著名汽车公司、品牌及车标

图 3.6.27　奇瑞车标　　　　　　　　　图 3.6.28　新 QQ

九、蔚来汽车

▶ 公司简介

　　蔚来是一个智能电动汽车品牌，于 2014 年 11 月 25 日在上海注册成立，代表国产高端电动汽车参与全球竞争，旗下主要产品包括蔚来 EC6、蔚来 ES8、蔚来 ES6、蔚来 ET7、蔚来 ES7 等。蔚来致力于通过提供高性能的智能电动汽车与极致用户体验，为用户创造愉悦的生活方式。

　　"蔚来"表达了蔚来追求美好明天和蔚蓝天空、为用户创造愉悦生活方式的愿景。LOGO 由象征着开放、未来的天空，以及象征着行动、前进的道路组成，诠释了蔚来的品牌理念。蔚来车标如图 3.6.29 所示。蔚来 ES6 如图 3.6.30 所示。

图 3.6.29　蔚来车标　　　　　　　　　图 3.6.30　蔚来 ES6

十、小鹏汽车

▶ 公司简介

　　小鹏汽车成立于 2014 年，总部位于广州，是中国领先的智能电动汽车公司。小鹏汽车的纯电驱动系统以电机、电池、电控为核心。其中电机控制器、DCDC、充电机等被安置在了前舱内，电池系统则布置在乘员舱地板下方。小鹏汽车的初版电机功率密度达到

10kW/L，目标达到 14.5kW/L，超过国内平均水平 1 倍以上。电池方面，小鹏汽车的电池包已经经过了 4 次迭代开发，能量密度接近 150Wh/kg，不同于国内电动车电池包大多采用自然冷却或者风冷，小鹏汽车设计了液冷电池包，可以在曝晒试验后，输出功率 200kW 以上而温升控制在 10 度以内，有效地解决了电池温升问题。小鹏汽车的主要车型有：小鹏 P5、小鹏 P7、小鹏 G3。小鹏车标如图 3.6.31 所示，小鹏 P7 如图 3.6.32 所示。

图 3.6.31　小鹏车标　　　　　　　　图 3.6.32　小鹏 P7

练一练

一、填空题

1．劳斯莱斯属于（　　）汽车公司，玛莎拉蒂属于（　　）汽车公司。

2．德国宝马汽车公司旗下主要拥有（　　）、（　　）、（　　）三个汽车品牌。

二、选择题

1．属于中国汽车自主品牌的是（　　）。

A．奥迪　　　B．马自达　　　C．红旗　　　D．福特

2．不属于大众公司的是（　　）。

A．宾利　　　B．斯柯达　　　C．路虎　　　D．奥迪

3．奔驰公司的总部在（　　）。

A．北京　　　B．斯图加特　　C．纽约　　　D．伦敦

三、问答题

1．大众车标的含义是什么？

2．日本丰田公司旗下有哪些汽车品牌？

课题四 汽车造型与色彩

【任务目标】
1. 了解汽车的造型发展历程以及汽车的设计过程
2. 了解汽车色彩的心理作用以及对安全的影响

【任务描述】
选择汽车就如同选择服装，它最能体现一个人的审美情趣。有的人传统保守，有的人崇尚现代。从20世纪80年代的奔驰SEL、70年代的老宝马和更久远的老爷车到今天，汽车已与人们的生活密不可分。随着科技水平的提高，一方面汽车的技术性能日趋完善；另一方面，汽车的外形设计理念也在不断发展。

【课时计划】

序号	计划内容	参考用时	备注
1	汽车造型	2	
2	汽车色彩	1	

任务一 汽车造型

一、汽车造型

1885年，德国工程师卡尔·本茨在曼海姆制造了一辆装有0.85马力汽油机的三轮车，拉开了汽车现代史的帷幕。在此后的100多年内，汽车无论是从车身造型还是从动力源或底盘、电器设备来讲，都有了翻天覆地的变化。其中最富特色、最具直观感的当数车

课题四 汽车造型与色彩

身外形的演变。

（一）马车形汽车

从 19 世纪末到 20 世纪初，世界上相继出现了一批汽车制造公司，除戴姆勒和奔驰各自成立了以自己名字命名的汽车公司外，还有美国的福特公司、英国的劳斯莱斯公司等。当时的汽车外形基本上沿用了马车的造型，因此被人们称为无马的"马车"，如图 4.1.1 所示。

图 4.1.1　马车型汽车

（二）箱形汽车

马车形汽车很难抵挡风雨的侵袭，美国福特汽车公司在 1915 年生产出一种新型的福特 T 型车，这种车的车室部分很像一只大箱子，被称为"箱形汽车"，如图 4.1.2 所示。

图 4.1.2　箱型汽车

作为高速车，箱形汽车并不理想，因为它的阻力大大妨碍了汽车前进的速度，所以人们又开始研究一种新的车型——流线型。

（三）甲壳虫形汽车

1933年德国的波尔舍博士设计了一种类似甲壳虫外形的汽车。波尔舍最大限度地发挥了甲壳虫外形的长处，使其成为同类车之王，"甲壳虫"也成为该车的代名词，如图4.1.3所示。

图4.1.3　甲壳虫形汽车

（四）船形汽车

美国福特公司经过几年的努力，于1949年推出了具有历史意义的新型福特V8型汽车。这种车型改变了以往汽车造型的模式，使前翼子板和发动机罩、后翼子板和行李舱罩合为一体，大灯和散热器罩也形成了一个平滑的面，车室位于车的中部，整个造型很像一只小船，所以人们把这类车称为船形汽车，如图4.1.4所示。

图4.1.4　船型汽车

（五）鱼形汽车

船形汽车尾部过分向后伸出，形成阶梯状，在高速时会产生较强的空气涡流。为了克服这一缺陷，人们把船形车的后窗玻璃逐渐倾斜，倾斜的极限即成为斜背式，这类车被称为"鱼形汽车"。与甲壳虫形汽车相比，鱼形汽车的背部和地面的角度较小，尾部较长，围绕车身的气流也比较平顺，涡流阻力较小。另外鱼形汽车基本上保留了船形汽车的长处，车室宽大，视野开阔，舒适性也好，并增大了行李舱的容积，如图 4.1.5 所示。

图 4.1.5　鱼形汽车

（六）楔形汽车

为了从根本上解决鱼形汽车的升力问题，人们设想了种种方案，最后终于找到了"楔形"，就是将车身整体向前下方倾斜，车身后部像刀切一样平直。这种造型能有效地克服升力，使汽车的行驶稳定性有了显著的提高，当之无愧为目前最理想的车身造型，如图 4.1.6 所示。

图 4.1.6　楔形汽车

（七）现代汽车

汽车的圆或者棱并不是过去和现在的问题，而是一个基于科技水平的审美循环。在 100 多年历史积淀后，汽车的车身制造工艺和空气动力学研究成果已经允许设计师有更大的发挥空间，至于是圆的还是有棱角的，到了这个阶段，可以说——随意。目前的车都变得有棱角是因为大家的冲压工艺都不错，而人们的审美也恰好达到了审美周期中的"方"，而今天的棱角又和过去的"方方正正"有区别。如今的棱角都附着在饱满的曲线上，这和在平平的车身表面做个棱完全不是一个感觉。

任务一　汽车造型

科技进步是翻天覆地的，而今天对过去的造型语言的演绎必将建立在更先进的科学技术基础上，产生的结果也必然更高级。现代的汽车造型如图 4.1.7 所示。

图 4.1.7　现代的汽车造型

二、汽车开发设计

每一种产品的设计都有它的工作步骤，轿车作为高级耐用的工业品更不例外。一辆新型轿车从构思、设计、试验、定型到成批生产，耗费了巨大的资金和时间。其中车身设计是主要部分，约占整车开发费用和时间的 70%。

（一）制订产品开发计划

（1）确定具体的车型。

（2）进行可行性分析。根据用户需求、市场情况、技术条件、工艺分析、成本核算等，预测产品是否符合需求，是否符合生产厂家的技术和工艺能力，是否对企业发展有利。

（3）拟订汽车的初步方案。通过绘制方案图和性能计算，选定汽车的技术规格和性能参数。

（4）制定出设计任务书。其中写明对汽车的形式、各个主要尺寸、主要质量指标、主要性能指标以及各个总成的形式和性能等的具体要求。

（二）初步设计

汽车初步设计的主要任务是构造汽车的形状设计，主要包括以下内容：

1. 汽车总布置设计（又称初步造型）

汽车总布置设计是将汽车各个总成及其所装载的人员或货物安排在恰当的位置，以保证各总成运转相互协调、乘坐舒适和装卸方便。为了保证汽车各部分合理的相互关系，需要定出许多重要的控制尺寸。在这个阶段，需要绘制汽车的总布置图，绘出发动机、底盘各总成、驾驶操作场所、乘员和货物的具体位置以及边界形状，也包括零部件的运动（如前轮转向与跳动）范围校核。经过汽车总布置设计，就可确定汽车的主要尺寸和基本形状。

2. 手绘效果图

效果图是表现汽车造型效果的图画。造型设计师根据总布置设计所定出的汽车尺寸和基本形状，就可勾画出汽车的具体形象。效果图又分为构思草图和彩色效果图两种。构思草图是记录造型设计师灵感的速写画。彩色效果图是在构思草图的基础上绘制的较正规的图画，需要有正确的比例、透视关系和表达质感。彩色效果图包括外形效果图、室内效果图和局部效果图，其作用是供选型讨论和审查。效果图的表现技法多种多样：可采用铅笔、钢笔，也可采用毛笔（水彩画或水粉画）等，而目前较流行的是混合技法——用麦克笔描画，喷笔喷染以及涂抹、遮挡等同时表现技法，如图 4.1.8 所示。

图 4.1.8　手绘效果图

3. 制作缩小比例模型

缩小比例模型是在构架上涂敷造型泥雕塑而成。轿车缩小模型常用 1∶5 的比例，即是真车尺寸的 1/5。英、美等国采用英制尺寸，模型的比例是 3∶8。造型泥是一种油性混合物，又称油泥，在常温下有一定硬度（比肥皂硬些），涂敷前需经烘烤，如图 4.1.9 所示。

图 4.1.9　制作缩小比例模型

4. 召开选型讨论会

经过初步设计，绘制出一批彩色效果图和塑制出几个缩小比例模型，就可以召开选型讨论会。会议的目的是从若干个造型方案中选择出一个合适的车型方案，以便作为技术设计的依据。

➡ （三）技术设计

汽车技术设计专业性强，涉及知识面广，是一项要求严谨、精确的工作。从确定汽车造型到完成实车碰撞实验、投入生产要经历几个步骤。

1. 确定汽车造型

绘制胶带图。胶带图是用细窄的彩色不干胶纸带粘贴成的1∶1（全尺寸）汽车整车图样，可表达零部件的形状及外形曲线。胶带图的外形曲线数据取自选定的缩小比例模型，可用来审查整车外形曲线的全貌。如发现某条曲线不美观或不符合要求，可将胶带揭起重新粘贴，直到满意为止。胶带图完成后，缩小比例模型放大的曲线又经过了进一步修正。

2. 绘制1∶1整车外形效果图

单纯由缩小比例的绘画表达汽车的外形效果尚且不够，还需要绘制等大尺度（全尺寸）的彩色效果图。现代造型设计非常重视等大的尺度感。缩小比例图样和全尺寸图样的真实感是截然不同的。缩小比例模型上某些圆角或曲线看上去很小巧雅致，放大5倍后就显得笨拙臃肿。因此，汽车形状的最后确定，不能仅看缩小比例的图样或直接放大的模型，而应经过1∶1效果图和1∶1模型的修正，以符合等大的尺度感和审美要求。

3. 制作1∶1外部模型。

1∶1外部模型是汽车外形定型的首要依据。根据缩小比例模型的放大数据，结合胶带图和1∶1效果图的修正情况，就可以制造1∶1外部模型。这个模型是在一个带有车轮的构架上涂敷造型泥而雕塑成的。由于要用数吨造型泥，并要雕塑得细致、平整、光顺，所以制造一个1∶1外部模型的时间很长，通常需要几个星期。1∶1外部模型如图4.1.10所示。

图4.1.10　1∶1外部模型

4. 制作1∶1内部模型

1∶1内部模型用以审视汽车内部造型效果和检验汽车内部尺寸。1∶1内部模型与1∶1外部模型同时制作，其设计和尺寸相互配合。1∶1内部模型的形状、色彩、覆盖饰物的质感和纹理都应制造得十分逼真，使人具有置身于真车室内的感觉，如图4.1.11所示。

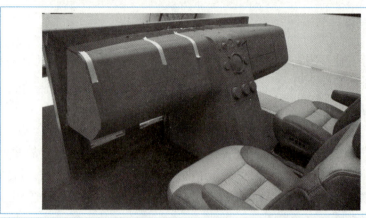

图4.1.11　1∶1内部模型

5. 造型的审批

1∶1外部模型、内部模型、效果图完成后，需要交付企业最高领导审批，使汽车最终定型。汽车造型设计是促进汽车销售的重要竞争手段，大公司为了击败对手会采用频繁更换车型的手段，因此对汽车造型设计的需求就十分迫切，汽车造型在整个汽车设计过程中占有越来越重要的地位。

6. 确定汽车结构

汽车造型审定后，就可以着手进行汽车结构设计。汽车的结构设计，是确定汽车整车、部件（总成）和零件的结构。也就是说，设计师需要考虑由哪些部件组合成整车，又由哪些零件组合成部件。

7. 样车制作，如图4.1.12所示

图4.1.12　样车制作

8. 风洞试验,如图 4.1.13 所示

图 4.1.13　风洞试验

9. 模拟碰撞试验,如图 4.1.14 所示

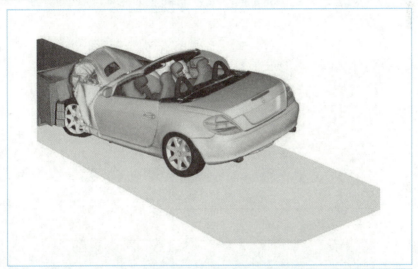

图 4.1.14　模拟碰撞试验

10. 道路试验,如图 4.1.15 所示

图 4.1.15　道路试验

11. 实车碰撞试验，如图 4.1.16 所示

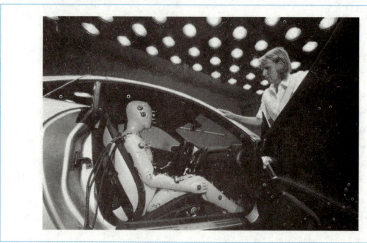

图 4.1.16　实车碰撞试验

任务二　汽车色彩

一、色彩视觉心理及心理联想

(一) 轿车颜色

汽车车身颜色与色彩无论是对使用者还是对外界，或者对车辆的视觉感以及对人类的心理感受，都是非常重要的。汽车常见的颜色如表 4.2.1 所示。

表 4.2.1　汽车常见颜色

颜色	名　称
红色	波尔多红、法拉利红、庞贝红、火焰红、圣地安红、瑞丽红、科罗拉多红
绿色	威尼斯绿、云杉绿、碧玺绿、雅典绿
白色	极地白、钻石白、塔夫绸白、糖果白
黄色	香槟金、依莫娜黄、丰收金、未来黄
银色	水晶银、金属银、丝缎银
灰色	宇宙灰、金属灰
蓝色	勒芒蓝、领袖蓝、太空蓝、永恒蓝、温莎蓝、峡湾蓝
黑色	魔力黑、元黑

不同的颜色给人的心理感受完全不一样，有的色彩会直接影响人的情绪或是对事物的判断。

1. 银色

银色是最能反映汽车本质的颜色。看见银色使人想起金属材料，这种颜色给人的整体感很强。美国杜邦（Dupont）公司的调查结果显示，银色汽车最具人气，银色也最具运动感。

2. 白色

白色给人以明快、活泼、大方的感受。白色是中间色，给人以清洁朴实的感觉，容易与外界环境相吻合协调。白色车身较耐脏，路上泥浆或污物溅上干后不易看出。另外，白色是膨胀色，容易使小车显大。日本车在 20 世纪 80 年代，有白色代表高级的说法，白色

车的销量曾经占到总销量的70%。另外，白色车相对中性，对性别要求不高。

3. 黑色

黑色是一种矛盾的颜色，既代表保守和自尊，又代表新潮和性感，给人以庄重、尊贵、严肃的感受。黑色也是中间色，容易与外界环境相吻合，但黑色车身不耐脏，有一点灰尘就能看出来。黑色一直是公务车最受青睐的颜色。高档车用黑色显得气派十足，但低档车最好不要选用黑色，除非标新立异。

4. 红色

红色包括大红、枣红等，给人以跳跃、兴奋、欢乐的感受。红色是放大色，同样可以使小车显大。高速公路上的红色跑车，在阳光下感觉如同一团火焰掠过，非常提神。红色是别致又理想的颜色，跑车或运动型的车非常适合。

5. 蓝色

蓝色是安静的色调，但是感觉非常收敛，个性不张扬，如同星球的深邃和大海的包容。蓝色不耐脏。

6. 黄色

黄色给人以欢快、温暖、活泼的感受。黄色是扩大色，在环境视野中很显眼，跑车选用黄色非常适合，小型车用黄色也非常适合。出租车和工程抢险车使用黄色，一是便于管理；二是便于人们及早地发现，可与其他汽车区别。私用车选用黄色的不多。香槟色是黄色派生出来的金属漆颜色，现在大行其道。

7. 绿色

绿色有较好的可视性，是大自然中森林的色彩，也是春天的色彩。绿色的金属漆也一改以前冰冷的色调，以温暖的面貌出现。小车选绿色很有个性，但豪华型车如果选用绿色，就有点不伦不类的感觉。

▶（二）特种车辆的使用功能与色彩

汽车在使用过程中，已形成惯用色彩。消防车采用红色，使人们知道有火灾发生，赶紧避让；救护车用白色，体现出纯洁和神圣；邮政车选择绿色给人以和平、安全的感觉；军用车一般都为深绿色，使车辆与草木、地面的颜色相近，以达到隐蔽的目的；工程车辆多为黄色，是运用黄色亮度高、醒目的特点，引起行人和其他车辆的注意。

二、色彩与交通安全

汽车颜色和行驶安全有很大关系。因为颜色本身具有收缩性和膨胀性，不同颜色的相同体积的物体，会产生体积大小不同的感觉。如红色、黄色具有膨胀性，称膨胀色；蓝色、绿色具有收缩性，称缩色。如果有红色、黄色、蓝色、绿色共4辆车与观察者保持相同的距离，在视觉上红色车感觉近一些，而蓝色和绿色的车感觉远一些。

任务二 汽车色彩

有统计表明,在发生事故的轿车中,蓝色和绿色最多,黄色最少。不同的内饰颜色对驾驶人的情绪具有很大的影响。采用色彩明快的内饰配色,能给人以宽敞、舒适的感受。红色内饰容易引起视觉疲劳。浅绿色内饰有放松视觉神经的效果。

练一练

一、填空题

1．消防车采用（   ）；救护车是运用纯洁、神圣的（   ）；邮政车选择（   ）给人以和平、安全的感觉；军用车一般都为（   ），以达到隐蔽的目的；工程车辆多为（   ），以引起行人和其他车辆的注意。

2．（   ）改变了以往汽车造型的模式,使前翼子板和发动机罩、后翼子板和行李舱罩合为一体,大灯和散热器罩也形成一个平滑的面,车室位于车的中部,整个造型很像一只小船。

二、选择题

1．最完美的汽车造型是（   ）。

　　A．马车形　　　　B．箱形　　　　C．船形　　　　D．楔形

2．（   ）是一种矛盾的颜色,既代表保守和自尊,又代表新潮和性感,给人以庄重、尊贵、严肃的感觉。

　　A．黑色　　　　B．白色　　　　C．蓝色　　　　D．绿色

3．在汽车设计过程中,样车制作完成之后应该进行（   ）。

　　A．实车碰撞　　B．风洞测试　　C．通路试验　　D．模型制作

三、问答题

1．汽车造型发展经历了哪几个阶段?

2．简述你最喜欢的汽车颜色。

课题五　汽车运动与展览

● 【任务目标】
1. 了解汽车赛事的起源及历史
2. 掌握汽车赛事的种类
3. 了解全球主要汽车展览
4. 了解国内外汽车俱乐部的发展历史

● 【任务描述】

　　汽车凝结了人类的智慧，和谐地将科学技术与艺术相统一，绽放出绚丽的文化光芒；汽车与社会有着密切的关系，是社会文化的重要组成部分。汽车是流动的风景，带给人们多姿多彩的文化生活。汽车文化也以其丰富的内容和独有的魅力不断地影响着人们的生活。汽车运动、汽车俱乐部、汽车展览会等汽车活动使汽车作为一种时尚文化吸引更多的人融入其中。

● 【课时计划】

序号	计划内容	参考用时	备注
1	汽车运动	1	
2	汽车车展	1	
3	汽车俱乐部	1	

任务一　汽车运动

　　汽车运动是指以风冷或水冷型内燃机、电动机为动力，4个或4个以上轮子在地面行驶，

任务一 汽车运动

至少以2个轮子作为转向的方向盘式机动车辆作为器材进行的竞争、训练、培训，以及带有竞技性质的汽车旅游、探险、娱乐和表演活动。

一、汽车运动的起源

汽车运动是汽车在封闭场地内、道路上或野外比赛速度、驾驶技术和性能的一种运动项目。其目的是汽车生产厂家为了检测车辆的性能，宣传汽车的安全性和可靠性，因此得到了汽车生产厂家的积极资助。1894年，*Le Petit* 日报的 Pierre Gifard 组织了世界上第一次汽车比赛，线路由巴黎到鲁昂（Rouen），共80英里[①]。这次比赛远不及今天的大奖赛扣人心弦。

虽然德国人发明了汽车，而英国当时又是工业强国，但这两个国家对汽车都不感兴趣，甚至在国内禁止车赛。法国人不但重视汽车，而且还建立了世界上最大的汽车工业。赛车运动也随之在法国产生，Peugeot 和 Panhard 等是很有名的赛车，法国人靠它们开始统治赛车车坛，一直到19世纪末。图5.1.1为玛莎拉蒂赛车。

图 5.1.1　玛莎拉蒂赛车

早期的赛事采取城镇到城镇（town-to-town）的比赛形式，和现在的拉力赛一样，赛车依次等时间距发车，根据总用时排出成绩，分出胜负。1896年，法国汽车俱乐部（Automobile Club de France，ACF）组织了一次从巴黎起程到马赛返回的比赛。在1897年的赛事上，赛车有别于家用车的特征开始出现，赛车去掉了不必要的挡泥板，车座不再采用舒适的软结构，赛车制造商开发出了大功率的发动机。图5.1.2为早期的汽车比赛。

图 5.1.2　早期的汽车比赛

---

① 1 英里 ≈ 1.61 千米。

二、著名的汽车运动

（一）一级方程式汽车赛

一级方程式世界锦标赛简称F1，是汽车场地赛项目中级别最高的比赛，也是世界上最引人注目的运动项目之一，与足球世界杯、奥运会并称世界三大赛事。现代世界一级方程式锦标赛1950年在由第二次世界大战后的废弃机场改造而成的英国银石赛道上举行。当年赛季共有7场比赛，其中包含一场美国印第安纳波利斯500大赛。第一场比赛冠军由意大利车手法里驾驶阿尔法·罗密欧赛车获得，而他也成为一级方程式锦标赛史上第一位世界冠军。

1. 赛制

目前一级方程式比赛共有11支参赛车队，每支车队2位车手，22位车手必须持有由国际汽联（FISA）签发的"超级驾驶执照"。比赛每年3—10月在世界各国的著名赛道举行，2005年分19站比赛。比赛赛程分为3天，包含星期五的自由练习、星期六的排位赛、星期日下午2点开始的正赛。正赛路程规划以约300千米（蒙特卡罗赛道为特例）或2小时为限，如车手先完成比赛即结束。在正赛过程中，车手和车队根据轮胎的磨损及车辆油耗的状态进入维修站换胎、加油。

比赛设车手冠军和车队冠军两项锦标。每场比赛取前8名车手，获得的积分依次为10、8、6、5、4、3、2、1。在每一赛季结束后，将车手在全年比赛中取得的成绩相加得出总积分，得分最高者为当年年度世界冠军。车队世界冠军的计分方法与车手相同。图5.1.3为"车王"舒马赫。

图5.1.3 "车王"舒马赫

2. F1赛车

比赛赛车为四轮外露的单座位纯跑道用方程式赛车，由发动机、变速系统、底盘、空气动力装置和轮胎等构成。赛车发动机程式依不同时期的比赛规则而变化。自1995年开始，规定使用气缸容量为3.0升、V型10缸不加增压器的自然吸气汽油发动机，最高转速可达

19 000 转/分以上，最大输出功率超过 622 千瓦（900 马力），最高速度可达 320 千米/小时以上，平均速度是 200～230 千米/小时，由静止加速到 100 千米/小时仅需 2.3 秒，由 0 加速到 200 千米/小时再减速到 0，所需的时间只要 7 秒。变速器设有 6～7 个挡位，并采用半自动变速系统，车手利用方向盘上的控制杆来操作换挡。

赛车的车身呈流线型，在其前、后部设有扰流装置和定风翼，在运动中利用空气动力学原理产生下压力，增加轮胎的附着力，提高赛车过弯速度及高速行驶的稳定性。赛车底盘以航天飞机的构造科学为基本理论依据，使用碳纤维制造，轻而坚固，离地间隙最小仅有 50～70 毫米。刹车碟盘由碳纤维制成，超高性能的刹车系统能让赛车在 2.5 秒内由时速 240 千米刹到停，所需距离只要 80 米。比赛轮胎采用特殊合成橡胶制造，分干地与湿地两类轮胎及硬胎和软胎，以便于在不同要求下使用。赛车最小质量不能低于 600 千克（包括车手及燃料）。图 5.1.4 为 F1 赛车。

图 5.1.4　F1 赛车

3．F1 车手

所有参加 F1 大赛的车手，都是经过千挑万选的世界车坛的精英。每一位车手在跻身 F1 大赛前，都必须经过多个级次的选拔，例如小型车赛、三级方程式（F3）车赛等，堪称过五关斩六将。而要成为世界冠军更非易事，必须身经百战，集赛车技术、天赋及斗志于一身。通常一位车手要花 8 年的时间从卡丁车（Karting）逐步晋级到 F1，事实上仅有极少数人能够有此能力与机会登上这赛车金字塔的顶端。

根据 FISA 的有关规定，每年，全世界能有资格驾驶世界 F1 赛车的车手不超过 100 名。所有驾驶 F1 赛车的选手，都必须持有 FISA 签发的"超级驾驶执照"；每年只有少数的优秀车手有资格参加决赛。

（二）汽车拉力赛

拉力赛是指按规定的平均速度，在完全或部分对普通交通开放的道路上进行的一项汽车赛事。比赛路线由若干个"特别路段"及若干个"行驶路段"组成，参赛车辆必须按照比赛规定在若干个集结点重新集合，然后再按顺序依次出发。每辆参赛车由 2 个车手共同驾驶，其中一位叫车手，另一位则称领航员或副车手。比赛成绩按照在"特别路段"上的比赛用时，加上在"行驶路段"上的受罚时间，再加上其他受罚时间计算。总时间越少，比赛成绩越好；总时间最少者为冠军。

首次正式的汽车拉力赛于1900年在英国举行，全程1 600余千米。路程最长的是1977年举行的从英国伦敦到澳大利亚悉尼的拉力赛，全程31 100多千米，共用时46天。

比赛时，路线上不断绝其他车辆通行，限定参赛汽车每天行驶的路程及到达时间。路线上设检查站检查参赛者是否在规定时间内通过，这是一种既检验车辆性能和质量，又考验驾驶员技术的比赛。参赛汽车必须是批量生产的小轿车或经过改装的车。短的拉力赛需要几天，长者可持续几十天。拉力赛将出发地到终止地之间的路程分成若干个行驶路段和赛段，并在沿途设有给养站和休息站。在行驶路段行驶时，参赛汽车受到一定的时速限制，并须按规定时间抵达各路段的终点，既不能提前也不能拖后，行驶中要遵守当地的交通规则，违反规则者将被扣分。在赛段中，赛车可以全速行驶，有时车速高达200千米/小时以上。在整个拉力赛结束时，以跑完全程累积时间最少和被扣分数最少的汽车及驾驶者为优胜。图5.1.5为拉力赛车。

图 5.1.5　拉力赛车

（三）勒芒24小时耐力赛

勒芒（Le Mans）位于法国巴黎西南约200千米处，是一个人口约20万的商业城市。这个小城市能够闻名于世界，主要是因为自1923年开始（1936年、1940—1948年除外），每年6月举行的被称为最辛苦的单项赛事——"勒芒24小时耐力赛"。勒芒24小时耐力赛同世界一级方程式锦标赛（F1）、世界汽车拉力锦标赛（WRC）并称为世界最著名和最艰苦的三大汽车赛事。自从首届比赛于1923年举行以来，除了第二次世界大战前后的几年以外（1936年、1940—1948年未举行），勒芒耐力赛从未间断过。

1．赛车

不同于别的赛车运动，这项赛事不仅需要车厂造出一台最快的赛车，而且还需要是一台兼具速度和稳定性的赛车。同时它还必须很省油：比赛中尽量少进站加油有利于获得胜利。

由于Mulsanne赛道的超长直道，车厂需要做一辆空气效应良好的赛车；又要兼有节油的优点，以符合 21 世纪汽车发展的大方向。所以，许多车厂都将勒芒看作是新车测试性能和耐力的地方。测试结果良好还可以把它投入更高级别的车赛中去。图 5.1.6 为奥迪第 7 次夺得法国勒芒 24 小时耐力赛冠军。

图 5.1.6　奥迪第 7 次夺得法国勒芒 24 小时耐力赛冠军

比赛中每辆赛车配备 3 名车手，轮流驾驶与休息，每位车手连续驾驶时间不得超过 4 小时，主车手总驾驶时间不得超过 14 小时。所有的加油、换胎和维修时间都包括在 24 小时内，最后行驶里程最多的赛车获胜。

2. 赛道

耐力锦标赛的赛程主要有 1 000 千米、1 610 千米、5 000 千米和 8 050 千米。以时间计有 6 小时、12 小时和 24 小时；其中以 1 000 千米汽车大赛和勒芒 24 小时汽车耐力大赛最为著名。汽车耐力赛对汽车的性能和车手的耐力都是极大的考验，这是一项艰苦的比赛。

勒芒大赛在世界上最负盛名，胜过美国印第 500 或其他任何汽车大奖赛，因为一般耐力赛只有 500～1 000 千米，而勒芒约 5 000 千米。勒芒的赛道是一条环形跑道，全长 13.5 千米，沥青和水泥路面由高速公路和街区公路封闭而成，平均时速超过 200 千米。在赛道上有一段长约 6 千米的直道，赛车在这段直道上的时速可高达 390 千米。在 24 小时的比赛中，车手们要在这段直道上高速行驶 6 小时，对赛车的性能和车手的耐力都是极大的考验。图 5.1.7 为勒芒比赛赛道。

图 5.1.7　勒芒比赛赛道

（四）卡丁车赛

卡丁车赛是汽车场地比赛项目的一种。分方程式卡丁车，国际 A、B、C、E 级和普通级六类，共 12 个级别，使用轻钢管结构，操纵简单，无车体外壳，装配 100CC、125CC 或 250CC 汽油发动机的 4 轮单座位微型赛车。该赛车重心低，在曲折的环形路线上行驶，比赛速度感强。卡丁车是世界方程式赛车的最初级形式，始于 1940 年。由于许多著名的一级方程式赛手都是从卡丁车起步的，因此卡丁车被视为 F1 的摇篮。

卡丁车的英文名称 Karting 是指"有车厢或无车厢的微型汽车，车轮独立持久地接触地面，后两轮驱动前两轮导向"。现代卡丁车构造简单而典型，发动机采用单缸二、四冲程汽油机，单腔化油器、磁电点火，重力或自吸式两种供油方式。安装初级竞赛发动机的赛车时速可达 100 千米；安装高级竞赛发动机的赛车时速可达 160 千米以上。转向系统不设转向机，而采用简单的连杆结构，转向比为 1∶1，方向盘与前轮的导向角度保持一致，和底盘刚性连接，没有减震系统。

安全性方面，由于卡丁车底盘距地面仅 4 厘米左右，重心非常低，易于操控，不容易造成翻车。一旦滑出跑道，卡丁车会自动熄火并停止前进，保障车手的安全。卡丁车是诸多赛车种类中的微型赛车，外形小巧，结构简单。卡丁车赛是赛车运动中最低的起步运动，是进入 F1 方程式赛车的"摇篮"，在欧洲也称其为"迷你方程式"。

图 5.1.8 为卡丁车比赛。

图 5.1.8　卡丁车比赛

任务二　汽车展览

国际车展是国际汽车厂商的集体实力秀，也是刺激眼球经济的最好形式。目前，著名的国际车展共有 5 个，其中欧洲有 3 个：巴黎车展、日内瓦车展和法兰克福车展；北美洲和亚洲各一个：北美国际汽车展和东京车展。

一、巴黎车展

巴黎车展——特点：优雅

1898 年，在法国汽车俱乐部的倡议下，全球第一个国际性的车展在巴黎杜乐丽花园举行。作为浪漫之都的巴黎，它的车展如同时装，总能给人争奇斗艳的感觉。该展起源于 1898 年的国际汽车沙龙会，直至 1976 年，每年一届，此后每两年一届。在每年的 9 月底至 10 月初举行。法国的汽车设计一向以新颖独特著称于世，富于浪漫和充满想象力的法国人，总是在追求最别具一格的车型、风一般的速度和最舒适的车内享受，这些法国人的嗜好都在巴黎车展中显露无遗，使巴黎车展始终围绕着"新"字做文章。与此同时，巴黎车展也是概念车云集的海洋，各款新奇古怪的概念车常常使观众眼前一亮。图 5.2.1 为凡尔赛门展览中心远景图，图 5.2.2 为迈凯轮 P1 概念车，图 5.2.3 为 Smart forstars 概念车。

图 5.2.1　凡尔赛门展览中心远景图

课题五　汽车运动与展览

图 5.2.2　迈凯轮 P1 概念车

图 5.2.3　Smart forstars 概念车

二、日内瓦国际汽车展

日内瓦国际汽车展　——特点：奢华

日内瓦车展是每年 3 月在瑞士日内瓦举行的汽车展览，也是全球重要的车展之一。该车展的地点是位于日内瓦国际机场旁的日内瓦 Palexpo 展览会议中心（见图 5.2.4、图 5.2.5），主办单位是世界汽车工业国际协会（International Organization of Motor Vehicle Manufacturers）。日内瓦车展是各大汽车商首次推出新产品的最主要的展出平台，素有"国际汽车潮流风向标"之称。

图 5.2.4　日内瓦 Palexpo 展览会议中心

图 5.2.5　日内瓦 Palexpo 展览会议中心

日内瓦车展不仅档次高、水准高，更重要的是车展很公平，没有任何歧视。一般的国际车展虽然名为"国际"，但在展馆的面积、配套设施的水准上都会向东道国倾斜，东道国的汽车厂商往往会占去 1～2 个展馆。但唯独在日内瓦车展上，人们看不到这种特别的"眷顾"。也许是因为瑞士是个中立国，也许是因为各大国际组织的总部云集在日内瓦，总之，无论是汽车巨头还是小制造商，都可以在日内瓦车展上找到一席之地，就连各类车展的资料，也被"一视同仁"地印成了英语、法语、德语等几种版本。

图 5.2.6 为 2013 年第 83 届日内瓦车展，图 5.2.7 为法拉利 LaFerrari，限量 499。

图 5.2.6　2013 年第 83 届日内瓦车展

图 5.2.7　法拉利 LaFerrari，限量 499

三、法兰克福车展

法兰克福车展 ——特点：博大

德国是世界最早举办国际车展的地方。法兰克福车展的前身为柏林车展，创办于 1897 年，1951 年移到法兰克福举办，每年一届，轿车和商用车轮换展出。法兰克福车展是世界上规模最大的车展，有"汽车奥运会"之称。每两年举办一次的法兰克福国际车展一般安排在 9 月中旬开展，为期两周左右。参展的商家主要来自欧洲、美国和日本，尤其以欧洲汽车商居多。法兰克福车展唱主角的自然是德国企业，这似乎与底特律车展、东京车展如出一辙。德国是现代汽车的发祥地，是奔驰公司、大众公司、奥迪公司等老牌公司的老家，法兰克福车展正是它们一展身手的好机会。图 5.2.8 为 2011 年法兰克福车展——奥迪馆。图 5.2.9、图 5.2.10 分别为阿斯顿马丁 Zagato 概念车和雪铁龙 Tubik 概念车。

图 5.2.8　2011 年法兰克福车展——奥迪馆

图 5.2.9　阿斯顿马丁 Zagato 概念车

图 5.2.10　雪铁龙 Tubik 概念车

四、北美车展

北美车展 —— 特点：娇娆

北美车展是世界五大车展之一，也是北美洲规模最大的国际车展，每年 1 月固定在底特律的寇博中心（Cobo Center）举办（见图 5.2.11）。

图 5.2.11　底特律的寇博中心

1907 年底特律在河滨公园（Riverside Park）的贝勒斯啤酒花园（Beller's Beer Garden）举办了首次汽车展览，接下来除了 1943—1952 年停办外，其余时间每年举办一次。以往称呼为底特律汽车展览（Detroit Auto Show），从 1989 年开始改称为"北美国际汽车展览"（North American International Auto Show），习惯上一般仍以"底特律车展"称之。自 1961 年起，该展览移往寇博中心举办，因为该展馆具有 9.3 万千平方米的面积，可提供更多展位。

这个车展对底特律乃至整个美国的汽车工业来说是非常重要的，因为美国三大汽车制造商福特、通用与克莱斯勒的营运总部都位于底特律。

众人被吸引到车展的原因，除了对汽车的兴趣外，还因为车展办得像个大的假日集会，吃喝玩乐，热闹非凡。

图 5.2.12、图 5.2.13 分别为 2014 款雪佛兰 Silverado、讴歌 NSX 概念车。

图 5.2.12　2014 款雪佛兰 Silverado

图 5.2.13　讴歌 NSX 概念车

五、东京车展

东京车展　——特点：细腻

东京车展创办于 1954 年，最初名称为"全日本汽车展览"。自 1964 年起，展览名称更改为"东京汽车展览"。东京车展是世界五大车展中历史最短的，逢单数年秋季举办为乘用车展，双数年为商用车展，是亚洲最大的国际车展。乘用车展历来是日本本土生产的各式小型车唱主角的舞台。展馆在东京附近的千叶县幕张展览中心（见图 5.2.14），它是目前世界最新、条件最好的展览中心，展品主要有整车及零部件。

图 5.2.14　千叶县幕张展览中心

图 5.2.15、图 5.2.16 分别为本田 EV-Ster 概念车、雷克萨斯 LF-A。

图 5.2.15　本田 EV-Ster 概念车

图 5.2.16　雷克萨斯 LF-A

> **课外延伸：**

除了世界五大车展外，国内还有四大车展：北京车展、上海车展、广州车展、成都车展。

1. 北京车展——特点：规模大

每两年举办一次，时间为 4 月下旬到 5 月上旬。

北京国际汽车展览会创办于 1990 年，在国内车展中以最具权威性，规模盛大，参展商阵容强大，知名品牌齐全，展品品质高端、新颖，国际化程度高，文化底蕴厚重，媒体关注度强，观众数量众多等鲜明特色而享誉海内外，素有"中国汽车工业发展风向标"之称。图 5.2.17 为北京车展展馆。

图 5.2.17　北京车展展馆

2. 上海车展——特点：技术先进

逢单数年举办，时间为 4 月中旬到 4 月下旬。

创办于 1985 年的上海车展，国际巨头的参展阵容之强大、亚洲或全球首发的车型以及概念车的数量之多均是国内车展中少见的。车展最吸引人的东西，除了那些美丽动人的车模外，恐怕就是那些外观时尚前卫、技术领先的概念车了。图 5.2.18 为上海车展展馆。

图 5.2.18　上海车展展馆

3. 广州车展——特点：参与人数多

广州车展每年举办一次，时间一般在 12 月。

由于在国内汽车行业中影响巨大的日本三大车商纷纷扎根广州，创办于 2003 年的广州车展现在的影响力正日益增强。广州的优势在于汽车市场以及后市场的领先。广东境内以广州为核心的城市群间便利的高速公路网是众多省外自驾游朋友所羡慕的，地处珠三角、临近港澳地区，广州的改装、音响甚至越野等汽车后市场比其他地区发展得更快一些，这些都是广州得天独厚之处。因此广州车展的阵容逐年壮大也是不无道理的。图 5.2.19 为广州车展展馆。

图 5.2.19　广州车展展馆

4. 成都车展——特点：日益壮大

成都车展还在发展之中，时间暂不固定。

经过十余年发展的成都国际车展被中国贸易促进委员会汽车行业分会认定为当今中国最具影响力的四大车展之一。图 5.2.20 为成都车展展馆。

图 5.2.20　成都车展展馆

课题五 汽车运动与展览

任务三 汽车俱乐部

近年来，中国的汽车保有量急速上升，市场需要具有文化底蕴的、规范的服务业实体为广大车主提供优质服务，因此汽车俱乐部应运而生。在汽车工业发达的国家，汽车产业的利润20%来自整车销售，20%来自零部件供应，而60%来自汽车的服务行业。预计到2015年，我国将形成1.5万亿的超大规模汽车服务市场。可见，为汽车提供多方位的汽车俱乐部会在这个市场上分得一大块蛋糕。

一、汽车俱乐部的起源

汽车俱乐部由来已久。1895年10月中旬，美国《芝加哥时报》在"车坛风云"专栏上发表了赛车运动员查尔斯·布雷迪·金格建议成立汽车俱乐部的一封信，这成为车迷和驾驶员议论的热门话题。1895年11月1日，由《先驱者时报》主办的汽车大赛在芝加哥开幕，全美各地很多驾驶员都赶来参加比赛。其中，有60名驾驶员在一家酒店聚会。同年11月9日，美国汽车联盟召开第二次会议，选举产生了委员会并通过了活动宪章，该联盟委员会旨在利用举办报告会等形式，向会员传授汽车工程最新技术，通报汽车大赛动态，并为他们提供紧急救援和法律咨询服务，以保障机动车会员的各种合法权益。同年11月12日，法国汽车驾驶员则以巴黎普拉斯·德罗佩拉大街4号作为活动总部，建立了法国汽车俱乐部。随后，欧美各国都相继成立了为车主和驾驶员服务的汽车俱乐部，使汽车更好地融入了人们的生活中。

二、我国汽车俱乐部的起源、现状和趋势

1995年中国成立了第一家汽车俱乐部——大陆汽车俱乐部，简称CAA大陆救援。大陆汽车俱乐部以全国汽车道路救援为起点，建立全国综合性的汽车服务管理平台。2003年大陆汽车俱乐部成为澳大利亚保险集团IAG的全资子公司。2006年CAA全国道路救援网络覆盖全国31个省、市、自治区的561个城市。现在已经发展全国网络合作伙伴3 880家，全国道路服务网络覆盖全国1～5级城市的95%以上。大陆汽车俱乐部除了开展救援服务这一核心业务之外，更加深入地发展汽车后市场，为会员及合作伙

任务三　汽车俱乐部

伴提供更多的选择便利和多元化的服务。

目前我国汽车俱乐部很多是由汽车修理厂改制过来的，一些小俱乐部甚至是车友自发组织的，会员只有几十个，且服务种类单一，根本满足不了车主的需要。而在国外，会员制的汽车俱乐部已经相当成型，它们向会员提供全方位的服务，如汽车养护、美容、维修、救援、保险以及旅游等。

各个汽车俱乐部服务特点不同，会员的概念也有所不同。会员制的优势显而易见——花钱买服务、锁定服务是核心，从而保证了客户的忠诚度，达到一定规模后，拥有大量忠实客户的俱乐部成为一个消费群体的代言人，使俱乐部在发展新的商业合作模式和伙伴时可以无往而不利。国外的汽车服务业发展至今已有上百年历史，会员制已成为各发达国家汽车服务业经营的不二法门。究其原因就在于会员制能够很好地保障客户的利益，也就是坚持会员制的核心原则——"利益不冲突原则"，即俱乐部不可以做任何与客户利益有冲突的事情。

作为汽车产业的衍生经济，汽车俱乐部在中国的发展具有广阔的前景。目前在国外成熟的汽车市场，整车销售的利润只占据汽车产业链利润很小的一部分，而在汽车售后服务环节存在着较大的市场空间和利润空间。中国汽车工业的长足发展，不仅带动了与汽车生产相关产业的发展，也造就了汽车服务业的大市场。与汽车产品的生产及销售相比，汽车俱乐部行业的进入门槛低，存在着大量的潜在客户，市场还没有被真正挖掘出来。同时，汽车俱乐部的经营形式存在很大的可创新性，只要找准市场定位，抓住客户的需求，拥有独辟蹊径的经营活动方式，就会吸引到大量的客户。目前我国汽车俱乐部在自驾车旅游和会员衍生经济等方面已经有了许多成功的尝试，汽车用户对这些活动的踊跃参与也展现出了汽车俱乐部市场的广阔前景。我国的汽车俱乐部行业目前还处在较原始的摸索阶段，多种经营模式和相关经济的发展，其有效性还需要时间的考验。同时，我国汽车俱乐部市场的成熟还需要一段时间，汽车用户对于汽车俱乐部行业的认识还有待加深，大量的市场空间还没有涌现出来。这对现有的行业经营者和潜在的行业进入者来说，具有一定的风险。如何在市场中找准位置，利用有效的经营模式生存下来，发展壮大，等待即将到来的巨大市场机遇，是我国汽车俱乐部行业面临的挑战。

目前，我国汽车俱乐部的服务主要有：

1．会员专享服务

（1）检测服务。为会员免费提供车辆检测服务。

（2）四轮定位。四轮定位可以大幅提高轮胎使用寿命，除此之外，还提供免费补轮胎和免费平衡轮胎的服务。

（3）优先优惠。会员到指定的汽车维修站维修时，提前预约即可享受优先和工时优惠。

（4）个性化服务。可获得由俱乐部提供的二手车免费评估、置换服务及抵押贷款，还可享受俱乐部以超低价格提供的在车辆维修保养期间的替代车辆使用服务等为会员量身定做的各项个性化服务。

2．提醒服务

及时以电话或短信的方式为会员提供相关提醒服务。

3. 紧急救援服务

遇到意外或故障，无法正常行驶时，可以享受俱乐部提供的免费紧急救援服务。

4. 车务服务

（1）提供车辆年检和补检业务。

（2）代理违章处理事宜。

（3）证件补领。补办驾驶证、行驶证、车牌。

（4）新车助理。为新车提供消费贷款咨询、保险、代办挂牌等业务。

（5）代理事故理赔业务。

（6）为汽车美容。

（7）其他延伸服务。俱乐部会员还可以享受联惠商家提供的优惠价格服务。

5. 汽车文化服务

俱乐部定期举办各种丰富多彩的会员活动，以增进会员之间的沟通交流、拓展会员的知识面、提高会员的生活品位。

（1）休闲旅游。组织会员野营、自驾游或其他主题活动。

（2）汽车运动。组织会员参加试乘试驾活动。组织会员参加娱乐型汽车比赛活动。

（3）知识讲座。为会员提供汽车知识、举办讲座。

（4）文化娱乐。组织会员开展体育竞赛、公益活动，举办演唱会、文化沙龙等。

（5）商务交流。定期举行会员聚会，增加会员之间的沟通和友谊。

三、世界各国俱乐部简介

（1）ADAC（全德国汽车俱乐部），现有6 531万会员，成立于1903年，是一家企业化运作、非营利性、混合性的组织。拥有保险、空中救援、旅游、通信、汽车金融、汽车运动等领域的经营性公司18个，然而最基本的汽车救援等服务是以会员制的方式向客户提供的，只收取少量的年费，服务时不收费或少收费。

（2）ACI（意大利汽车俱乐部集团），成立于1905年，公开声明自己是法定的非营利组织，但是一个上市公司。拥有106家汽车俱乐部、11个全资公司、7个参股公司，经营范围涉及旅游、保险、通信、出版物、传媒、救援、汽车运动、二手车评估等各个领域。13个分支机构遍布意大利全国。

（3）JAF（日本汽车联合会），成立于1962年，现有会员1 720万，基本会费为每年2 000日元。日本汽车联合会也公开称自己为公众组织，宗旨是：为增强驾车人的安全与提高安全意识服务，努力改善驾驶安全与公共交通环境与秩序。其宗旨还体现在三原则之中，即面向服务的原则，面向挑战的原则，开放的原则。

（4）AAA（澳大利亚汽车协会），成立于1924年，由8个州和地区的俱乐部组成，现有会员620万人。协会的宗旨是：让所有的成员保持汽车服务领域的世界一流水平。使命是：提高驾车人对公共政策的影响力，推动会员有效地利用俱乐部。

（5）AAA（美国汽车协会），成立于1902。目前，全美69个地区俱乐部为其成员，现有会员4 800万人，初级会员年费为70美元。

> **练一练**

一、填空题

1. 世界五大车展分别是：（　　）、（　　）、（　　）、（　　）、（　　）。

2. 中国四大车展分别是：（　　）、（　　）、（　　）、（　　）。

3. 卡丁车赛事有（　　）、（　　）、（　　）、（　　）、（　　）、（　　）六类。

二、选择题

1. 东京车展的展馆名称叫（　　）。

A. 凡尔赛门展览中心　　　　　　B. Palexpo 展览会议中心

C. 寇博展览中心　　　　　　　　D. 千叶县幕张展览中心

2. 巴黎车展的时间是（　　）。

A. 每年的9月底至10月初　　　　B. 每年9月中旬

C. 每年1月中旬　　　　　　　　D. 每年11月底至12月初

三、问答题

1. 什么是一级方程式汽车比赛？

2. 世界五大车展是哪五大车展，地点、时间分别是什么？

3. 中国汽车俱乐部的简称是什么？

课题六　汽车公害与排放

●【任务目标】

1. 了解汽车发展带来的危害
2. 了解不同国家的汽车排放标准

●【任务描述】

汽车的问世和发展，极大地方便了人类的活动，有人说它无异于缩小了地球，延长了人的生命。不过汽车在造福于人类的同时，也带来了祸患，而且这种祸患日益严重，因此又有人称它为"城市杀手"。每年由汽车引起的交通事故可吞噬数十万人的性命。它消耗资源、污染环境，造成全球气候变暖，诱发哮喘、支气管炎、肺癌以及各种心血管疾病。

●【课时计划】

序号	计划内容	参考用时	备注
1	汽车公害	1	
2	汽车排放标准	1	

任务一　汽车公害

一、汽车交通安全

道路交通事故是指车辆在道路上因过错或者意外造成的人身伤亡或者财产损失的事件。随着社会的发展、进步、旅客和货物的运输量增多，特别是随着机动车拥有量的扩大，

任务一　汽车公害

道路交通事故日益严重，已成为和平时期严重威胁人类生命财产安全的社会问题。全国各类事故死亡人数比例，如图 6.1.1 所示。

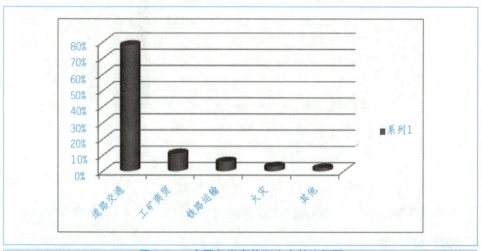

图 6.1.1　全国各类事故死亡人数比例图

（一）交通事故的分类

对交通事故的分析角度、方法不同，分类也不同。

（1）按后果分类：轻微事故、一般事故、重大事故、特大事故。

（2）按原因分类：主观原因事故、客观原因事故。

（3）按事故环境分类：

①城市类：直行事故、追尾事故、超车事故、左转弯事故、右转变事故。

②山区类：窄道事故、弯道事故、坡道事故。

③干线类：会车事故、超车事故、停车事故。

（二）交通事故发生的常见因素

根据对 2014 年的交通事故的分析，主要原因为以下几方面：

1. 酒驾

自我国"刑法修正案（8）"将醉酒驾车定为犯罪后，各地酒驾现象总体呈现减少的势态，酒驾引发的道路交通事故呈下降趋势，但酒驾依然是引发道路交通事故的主要原因之一。

2. 不合规定的强行、疲劳驾驶，机动车逆行，无证驾驶

因超速驾驶导致的交通事故呈现下降趋势，而疲劳驾驶、无证驾驶、逆行等引发的交通事故明显增多。

图 6.1.2 为交通事故死亡原因分布图。

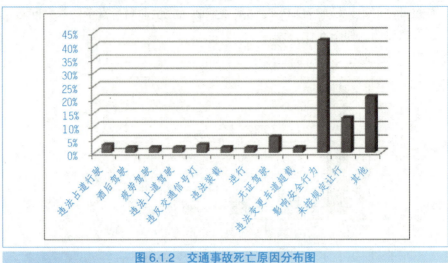

图 6.1.2 交通事故死亡原因分布图

3. 道路环境影响

高速公路、一级公路、雨天、大雾、城市道路发生的交通事故所占比重较大。这说明除驾驶人自身的原因外，不利的环境因素也是交通事故发生的重要原因之一。

4. 驾驶员打电话、玩手机

根据某些地区交管部门的统计数据显示，在开车过程中接听电话、玩微信等属妨碍安全行车的违法行为导致的交通事故占地区交通事故的 1/3 以上。

二、汽车尾气污染

进入 21 世纪，汽车污染日益成为全球性问题。随着汽车数量越来越多、使用范围越来越广，它对世界环境的负面影响也越来越大，尤其是危害城市环境，引发呼吸系统疾病，造成地表空气臭氧含量过高，加重城市热岛效应，使城市环境转向恶化，如图 6.1.3 所示。

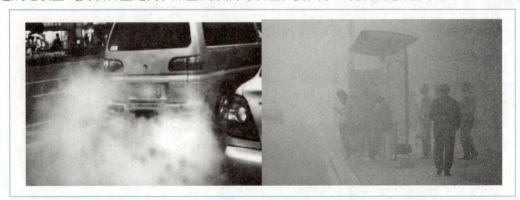

图 6.1.3 汽车尾气污染

汽车尾气污染是由汽车排放的废气造成的环境污染。可以说，汽车是一个流动的污染源，一辆轿车一年排出有害废气比自身重量大 3 倍。在世界各国，汽车污染早已不是新话

题。20世纪40年代以来，光化学烟雾事件在美国洛杉矶、日本东京等城市多次发生，造成不少人员伤亡和巨大的经济损失。图6.1.4为各类污染对PM2.5浓度的"贡献"率。

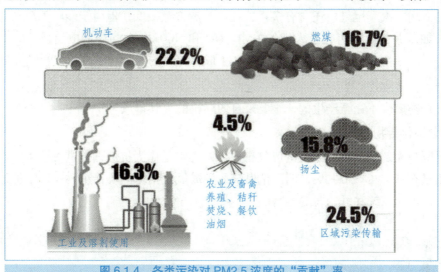

图6.1.4　各类污染对PM2.5浓度的"贡献"率

（一）汽车尾气的基本成分

1．一氧化碳

一氧化碳是烃燃料燃烧的中间产物，主要是在局部缺氧或低温条件下，由于烃不能完全燃烧而产生，混在内燃机废气中排出。当汽车负重过大、慢速行驶或空挡运转时，燃料不能充分燃烧，废气中一氧化碳含量会明显增加。一氧化碳是一种化学反应能力低的无色无味的窒息性有毒气体，由呼吸道进入人体的血液后，会和血液里的血红蛋白Hb结合，形成碳氧血红蛋白，导致血液携氧能力下降，使人体出现反应，如听力会因为耳内的耳蜗神经细胞缺氧而受损害等。吸入过量的一氧化碳会使人发生气急、嘴唇发紫、呼吸困难等症状，甚至死亡。

2．氮氧化合物

氮氧化合物是在内燃机气缸内的大部分气体中生成的，氮氧化合物的排放量取决于燃烧温度、时间和空燃比等因素。氮氧化合物的生成原因主要是高温富氧环境，比如燃烧室积炭等因素。人受一氧化氮毒害的事例尚未发现。二氧化氮是一种红棕色呼吸道刺激性气体，气味阈值约为空气质量的1.5倍，对人体影响甚大。由于其在水中溶解度低，不易为上呼吸道吸收而深入下呼吸道和肺部，引发支气管炎、肺水肿等疾病。

3．碳氢化合物

汽车尾气的碳氢化合物来自三种排放源。对一般汽油发动机来说，约60%的碳氢化合物来自内燃机废气排放，20%～25%来自曲轴箱（PCV系统）的泄漏，其余的15%～20%来自燃料系统（碳罐）的蒸发。甲烷是窒息性气体，其嗅觉阈值是142.8毫克，只有高浓度时才对人体健康造成危害。乙烯、丙烯和乙炔则主要是对植物造成损害，使路

边的树木不能正常生长。苯是无色类似汽油味的气体，可引起食欲不振、体重减轻、易倦、头晕、头痛、呕吐、失眠、黏膜出血等症状，也可引起血液变化、红血球减少、贫血，还可导致白血病。汽车尾气中还含有多环芳烃，虽然含量很低，但由于多环芳烃含有多种致癌物质（如苯并芘）而引起了人们的关注。HC 和 NOX 在大气环境中受强烈的太阳光紫外线照射后，产生一种复杂的光化学反应，生成一种新的污染物形成光化学烟雾。

4．醛

醛是烃类燃烧不完全产生的，主要来自内燃机的废气排放。

5．含铅化合物

含铅颗粒大部分来自内燃机的废气排放。四乙铅是作为抗爆剂加进汽油中的，一般汽油的含铅量在 0.08%～0.13%，四乙铅燃烧后生成氧化铅排出。铅主要作用于神经系统、造血系统、消化系统和肝、肾等器官。

（二）汽车尾气控制措施

（1）控制汽车的数量。

（2）严格把关，提高汽油质量。

（3）采用先进的汽车尾气处理技术，对不符合尾气排放标准的汽车进行淘汰或改造；定期清洗三元催化器，保持机动车尾气净化性能。

（4）推广以天然气为燃料的燃气汽车，并对燃气汽车进行改造，解决其存在的发动机动力性能下降、储气瓶占用空间大等问题。

（5）变废为宝。

三、汽车噪声污染

随着近代工业的发展，环境污染也随之产生，噪声污染就是环境污染的一种，已经成为对人类的一大公害。噪声污染与水污染、大气污染、固体废弃物污染被看成是世界范围内的四个主要的环境问题。

声音由物体振动引起，以波的形式在一定的介质（如固体、液体、气体）中进行传播。我们通常听到的声音为空气声。一般情况下，人耳可听到的声波频率为 20～20 000 Hz，称为可听声；低于 20 Hz，称为次声波；高于 20 000 Hz，称为超声波。我们所听到声音的音调的高低取决于声波的频率，高频声听起来尖锐，而低频声给人的感觉较为沉闷。声音的大小是由声音的强弱决定的。从物理学的观点来看，噪声是声源做无规则振动时发出的声音。从环保的角度来说，凡是影响人们正常的学习、生活、休息的一切声音，都为噪声。

（一）汽车噪声的种类

（1）发动机噪声，是指混合气在内部燃烧时产生的冲击以及活塞往复运动产生的振动激励作用于缸体而产生的噪声。

任务一　汽车公害

（2）传动系统噪声，主要是轴承滚动噪声和齿轮啮合噪声，同时包括由于旋转部分的振动激励，使壳体产生振动而辐射的噪声，其发生部位主要为离合器、变速器、传动轴、差速器齿轮等。

（3）进气系统噪声，主要是各气门关闭产生的脉冲声和进气口空气湍流产生的噪声。

（4）排气系统噪声，可分为排气口生成的排气噪声和排气管壁震动产生的表面辐射噪声。

（5）轮胎噪声，主要是指轮胎花纹沟槽的气泵现象和胎壁震动等引起的噪声。

（6）制动系统噪声，主要有制动器的鸣叫声、轮胎与地面摩擦声及车身板件震颤声等。

（7）空气动力学噪声，包括空气通过车身缝隙或孔道产生的冲击噪声，气流流过车身外面凸起物产生的涡流噪声以及空气与车身表面的摩擦声。

（二）降低汽车噪声的措施

降低噪声是汽车的重要研究课题。降低汽车噪声的措施包括：在无回声室中测定汽车和发动机的噪声，改进排气消声器的设计；改进燃烧系统，降低燃油喷射和燃烧的粗暴性；提高气缸体和其他结构件（尤其是车身钣金件）的刚度；在噪声源附近的大面积平板上喷涂隔音材料；加装发动机隔音罩和改进轮胎花纹的设计等。多数国家限制使用汽车音响信号器，以减少噪声。有些城市还限制超过噪声标准的汽车的行驶范围，中国机动车辆噪声标准如表 6.1.1 所示。

表 6.1.1　中国机动车辆噪声标准

车辆种类		最大加速声级分贝（7.5 米处）	
		1985 年 1 月 1 日前生产的	1985 年 1 月 1 日后生产的
载重车	8 吨≤载重量≤15 吨	92	89
	3.5 吨≤载重量≤8 吨	90	86
	载重量≤3.5 吨	89	84
公共汽车	轻型越野车	89	84
	4 吨≤载重量≤11 吨	89	86
	载重量≤4 吨	88	83
小客车		84	82
摩托车		90	84
轮式拖拉机（60 马力以下）		91	86

课题六 汽车公害与排放

任务二 汽车排放标准

一、我国汽车排放标准

2015年6月5日是新环保法实施后的首个"环境日",环境保护部向媒体公布了2015年环境日"践行绿色生活"的主题。汽车污染排放一直是人们讨论的热门话题之一,而车企也一直在致力于减少汽车污染物排放。在此,讲一下汽车行业的减排历程。

限制汽车尾气的排放一直是控制汽车污染的有效手段,各个国家目前都制定了尾气排放的法规,而我国汽车尾气排放法规是从20世纪80年代初期才开始实施的,起步较晚,水平也较低。具体实施至今主要分六个阶段,即国Ⅰ、国Ⅱ、国Ⅲ、国Ⅳ、国Ⅴ、国Ⅵ(该标准于2019年7月1日在部分城市实施,将在2020年全面实施)。

国Ⅰ在2001年修订后发布,在2001年4月开始实施。第一批机动车排放标准从控制汽油车和摩托车急速排放的CO、HC浓度开始,柴油车主要是控制自由加速烟度和全负荷烟度。表6.2.1为轻型汽车排放控制发展历程。

表6.2.1 轻型汽车排放控制发展历程

阶段	车型分类	实施日期	相关标准和文件
国Ⅰ	第一类	2000.1.1	GB 18352.1—2001
	第二类	2001.1.1	
国Ⅱ	第一类	2004.7.1	GB 18352.2—2001
	第二类	2005.7.1	
国Ⅲ	柴油汽车N类	2008.7.1(推迟至2009.7.1)	GB 18352.3—2005
国Ⅳ	点燃式发动机汽车	2011.7.1	GB 18352.3—2005
	柴油汽车	2011.7.1(推迟至2013.7.1)	GB 18352.3—2005
由于油品质量不达标,相关汽车排放标准被迫推迟实施			

国Ⅱ和国Ⅰ都是在2001年发布,国Ⅱ在2004年前后开始实施。由于轻型车达到国Ⅱ排放标准,可以减征30%消费税,国Ⅱ实施比原先计划提前了2～3年。表6.2.2为我国

任务二 汽车排放标准

各阶段汽车排放标准与欧盟排放标准对照表。

表 6.2.2 我国各阶段汽车排放标准与欧盟排放标准对照表

中国汽车排放标准	欧盟排放标准	中国实施年份	欧盟实施年份	氮氧化物 NOx（g/kWh）	颗粒物 PM（g/kWh）
国Ⅰ	欧Ⅰ	2000	1992	8.0	0.36
国Ⅱ	欧Ⅱ	2003	1996	7.0	0.15
国Ⅲ	欧Ⅲ	2007	2000	5.0	0.10
国Ⅳ	欧Ⅳ	2010	2005	3.5	0.02
国Ⅴ	欧Ⅴ	2012	2008	2.0	0.02
无	欧Ⅵ	无	2013	0.4	0.01

　　国Ⅲ的颁布时间在 2005 年，于 2007 年 7 月 1 日开始实施，它相当于欧Ⅲ的标准。国Ⅲ标准里强制要求安装 OBD（车载诊断系统），在车辆使用的全过程中，车辆排放出现相关问题时，车会自动发出警报，车主应该到维修站去维修，排除这个问题。

　　国Ⅳ和国Ⅲ都在 2005 年发布，实施时间是 2013 年 7 月。在排放控制上，要达到国Ⅳ标准，机动车需要在国Ⅲ基础上进一步降低 30%～50% 的污染物排放，通过更好地催化转化器的活性层、二次空气喷射以及带有冷却装置的排气再循环系统等技术的应用，控制和减少汽车污染物排放。但是，汽油品质也必须提升，才能满足新的汽车排放标准。

　　国Ⅴ于 2012 年在北京、上海、广州试行，它在 2013 年 9 月 17 日正式出台。其中氮氧化物排放限值严格了 25%～28%，颗粒物排放限值严格了 82%，并增加了污染控制新指标（颗粒物粒子数量）。国Ⅴ排放标准预计于 2018 年 1 月 1 日在全国实施，为了对国Ⅴ的实施做好前期的准备工作，中国石油表示在 2016 年年底，生产的汽油、柴油将全部达到国Ⅴ标准要求。

　　国Ⅵ排放标准改变了以往等效转化欧洲排放标准的方式，邀请汽车行业全程参与编制，充分吸取专家学者和企业界的意见和建议。编制组开展了大量的调查研究工作，共分析汇总 8 600 种国五车型排放数据，调查了 50 万辆轻型车行驶里程情况，设计开展了验证试验。轻型车国六标准的重要意义体现在：一是从以往跟随欧美机动车排放标准转变为大胆创新，首次实现引领世界标准制定，有助于我国汽车企业参与国际市场竞争，推动我国汽车产业发展；二是在我国汽车产能过剩的背景下，可以起到淘汰落后产能、引领产业升级的作用；三是能够满足重点地区为加快改善环境空气质量而加严汽车排放标准的要求。本次国Ⅵ标准采用分步实施的方式，设置国Ⅵa 和国Ⅵb 两个排放限值方案，分别于 2020 年和 2023 年实施。

二、欧洲汽车排放标准

欧洲汽车废气排放标准是欧盟国家为限制汽车废气排放污染物对环境造成的危害而共同采用的汽车废气排放标准。当前对几乎所有类型的车辆排放的氮氧化物、碳氢化合物、一氧化碳和悬浮粒子都有限制,比如小轿车、卡车、火车、拖拉机和类似的机器、驳船,但不包括海轮和飞机。

对不同的车辆类型,汽车废气排放标准有所不同。欧洲标准是由欧洲经济委员会(ECE)的汽车废气排放法规和欧盟(EU)的汽车废气排放指令共同体现的。汽车废气排放法规由 ECE 参与国自愿认可,排放指令是 EEC 或 EU 参与国强制实施的。在欧洲,汽车废气排放的标准一般每 4 年更新一次。

从 1992 年起开始实施的欧 I 排放限值标准,是经过两次修订后确定下来的,重点强化了对有害物排放的限值;将不同种类汽车的排放限值做了区别;规定了气体燃料汽车排放的检测方法;还采用了新的生产一致性的检查方法,它将液体燃料汽车分为三组:使用含铅汽油的车辆、使用无铅汽油的车辆和使用柴油的车辆。

1996 年开始实施的欧 II 标准,对使用无铅汽油和柴油汽车的排放限值更加严格,规定了电喷点燃式发动机和使用气体燃料以及双燃料汽车排放的测定方法。除在生产一致性方面规定了新的检查方法外,该标准还强调,从事型式认证的权威机构在确认企业对所生产的汽车排放的监督措施和方法之后,对使用无铅汽油、柴油和气体燃料汽车的生产一致性检查就算完成了。如果权威机构认为生产中的监督水平不够,那么可以对成批生产的汽车进行抽检试验。通过分析可以发现,执行欧 II 标准后,污染物排放量比欧 I 减少了 30%～50%。

2000 年开始执行的欧 III 标准,重点是如何降低二氧化碳的排放,这是欧洲汽车生产企业面临的最大问题。事实证明,这些汽车企业在 2002 年时就达到了 2003 年中期的水平,即二氧化碳排放量达到了 165 克/千米,走在了美国和日本同行的前列。

欧 IV 标准于 2005 年开始在欧盟实施。从欧 I 到欧 IV 的实施过程,可以看出欧洲对绿色汽车的认真态度和车辆环保的发展轨迹,也可以看出欧洲排放标准的规范化和日益严格的趋势。以柴油机的排放限值为例,欧 II 标准要求柴油的含硫量为百万分之五百,欧洲 III 要求下降到百万分之五十,欧 IV 的限值是百万分之十。

2005 年,欧盟委员会公布了欧 V 排放标准。该标准将适用于所有在欧盟国家销售的柴油引擎汽车,并从 2009 年起生效。该标准将最大颗粒排放和氮氧化物排放量这两项指标分别降到了 0.005 克/千米和 0.2 克/千米,这就意味着汽车生产商要为汽车配置颗粒过滤装置。

2008 年 12 月 16 日,欧洲议会通过了欧盟委员会提出的欧 VI 汽车排放新标准,这一标准从 2012 年年底开始实行。这意味着欧盟将进一步提高对重型卡车和公共汽车排放标准的要求,特别是限制氮氧化物和粉尘颗粒的排放。表 6.2.3 为欧洲卡车和公共汽车废气排放标准。

任务二　汽车排放标准

表 6.2.3　欧洲卡车和公共汽车废气排放标准

标准等级	开始实施日期	CO	HC	NOx	PM	烟雾
欧Ⅰ	1992年	4.5	1.1	8.0	0.612	无标准
	1992年	4.5	1.1	8.0	0.36	无标准
欧Ⅱ	1996年10月	4.0	1.1	8.0	0.25	无标准
	1998年10月	4.0	1.1	8.0	0.15	无标准
欧Ⅲ	1999年10月	1.0	0.25	2.0	0.02	0.15
	2000年10月	2.1	0.66	5.0	0.1	0.8
欧Ⅳ	2005年10月	1.5	0.46	3.5	0.02	0.5
欧Ⅴ	2008年10月	1.5	0.46	2.0	0.02	0.5
欧Ⅵ	2013年1月	1.5	0.13	0.5	0.01	

注：欧洲汽车排放标准，单位为克/千米

练一练

一、填空题

1．汽车尾气中的有害气体主要包括（　　）、（　　）、（　　）、（　　）、（　　）。

2．交通事故按照后果分类可分为（　　）、（　　）、（　　）、（　　）。

二、选择题

1．（　　）噪声，包括空气通过车身缝隙或孔道产生的冲击噪声、气流流过车身外面凸起物产生的涡流噪声以及空气与车身表面的摩擦声。

A．发动机　　B．空气动力学　　C．传动系　　D．排气系统

2．目前我国采用的汽车排放标准为（　　）。

A．欧Ⅰ　　B．欧Ⅱ　　C．欧Ⅲ　　D．欧Ⅳ

三、问答题

1．常见的交通事故原因有哪些，应该如何避免？

2．降低汽车排放的措施有哪些？

课题七 汽车展望

课题七　汽车展望

●【任务目标】

了解汽车的新发展、新技术以及新能源

●【任务描述】

从汽车诞生之日起，人们就开始设想未来汽车的模样。未来是一个相对的、抽象的概念，不同时代的预测与设想都被打下了那个时代的烙印。但是无论是20世纪初盛行的火箭车设想，还是如今的环保概念车设想，人们对于汽车的思维冲动始终是围绕着更快捷、更方便、更经济、更环保这些原则来展开的。

●【课时计划】

序号	计划内容	参考用时	备注
1	汽车新发展	0.5	
2	汽车新技术	1	
3	汽车新能源	0.5	

任务一　汽车新发展

目前汽车产业也遇到了诸多制约因素，像能源紧缺、交通拥堵、环境污染等问题日趋严重，政府日益严苛的法规和限行限购的政策，的确让汽车产业的发展遭遇到前所未有的挑战。但是这些外部因素都不是不可克服的，对于能够练好内功、积极应对的企业来说，挑战也是一种机遇。其中，掌控核心技术的重要性越来越明显。下面就谈谈未来汽车技术发展的趋势。

首先，安全技术会越来越受关注。被动安全日益精细化，主动安全会继续得到大幅提升，被动和主动安全技术的相互融合将越来越明显，如图 7.1.1 所示。未来汽车将从"零死亡"向"零伤亡"再向"零事故"的终极目标不断前进。同时，智能驾驶技术的进步会越来越快，尽管完全的无人驾驶可能尚需时日，但区域的、部分工况下的自动驾驶将作为一项核心的安全技术得到应用。而且这些安全技术将与语言识别系统、数据信息交换系统以及 IT 网络技术等进步紧密地结合在一起。

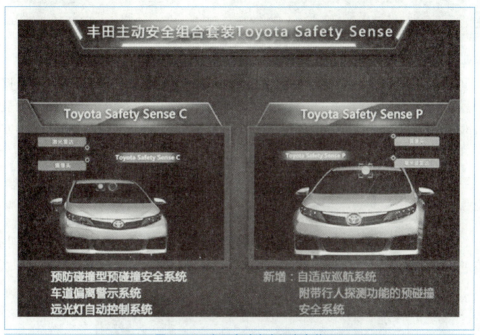

图 7.1.1　丰田主动安全组合套装

其次，节能技术的重要性凸显。实际上，未来真正能制约汽车发展的只有一个问题，就是能源问题。目前，我国石油进口已接近 60% 的红线，缺油的压力非常大。为此工信部已经明确提出到 2020 年实施 5 升油耗的法规，这是非常严苛的指标，尤其对于本土汽车企业来说一个巨大的挑战。目前国内很多汽车企业的动力总成技术还有待提升，新能源技术尚未普及，而在优化发动机、变速箱之外，轻量化、电子化、智能化等技术在节油领域的巨大潜力，还有待开发。

再次，环保技术也将成为汽车企业不容忽视的核心技术，因为污染的压力将使环保成为否决项。目前国家已经引入了材料的再回收法规，在设计过程中就必须考虑日后如何拆分、回收的问题，这不仅是对整车厂，更是对零部件厂商的巨大挑战。排放控制、噪声控制以及车内空气质量等，都会越来越受到关注（见图 7.1.2）。

课题七 汽车展望

图 7.1.2　环保不容忽视

最后，电子技术在汽车上的应用将呈几何级数增加。以信息化、数字化、大数据、云计算等为特征的新一轮科技革命正在兴起，而汽车将成为应用这些最新科技成果的最佳载体之一，车载信息娱乐系统、车联网技术、智能化技术将引领未来汽车技术发展的方向，如图 7.1.3 所示。

图 7.1.3　电子技术在汽车上的应用

任务二 汽车新技术

随着汽车电子技术的飞速发展,汽车智能化技术正在逐步得到应用。汽车智能化技术使汽车的操纵越来越简单,动力性和经济性越来越高,行驶安全性越来越好,这是未来汽车发展的趋势。目前正逐步应用于汽车的智能控制技术主要有以下几种:

1. 车辆动力学控制

车辆动力学控制(Vehicle Dynamics Cotrol)的缩写是 VDC,该系统虽然也是控制车轮的制动力与驱动力,但它与 ABS/TCS 有很大的不同,其主要表现是可实现左右纵向力的差动控制,以直接对汽车提供横摆力矩,抵消汽车的不稳定运动(如在滑路上甩尾时的矫正作用)。该系统通过在汽车上安装的各种传感器,检测到汽车的速度、角速度、转向盘转角以及其他的汽车运动姿态,根据需要主动地对某侧车轮进行制动,来改变汽车的运动状态,使汽车达到最佳的行驶状态和操纵性能,从而增加车轮的附着性和汽车的操纵性、稳定性。

2. 智能速度控制系统

汽车智能速度控制系统的功用是在某些特殊路段或特殊行驶条件下对车速进行强制限制。汽车智能速度控制系统主要由电子控制单元和执行器组成。该控制系统工作时,需首先设定限制速度。例如某区域的限速为 80 千米/小时,我们可以将该速度设定为限速值。当车速未达到 80 千米/小时时,汽车智能速度控制系统不起作用。当车速接近 80 千米/小时时,电子控制单元起动执行器,限制加速踏板的行程,使汽车不能继续加速。当车速低于 80 千米/小时时,电子控制单元会解除对执行器的控制,驾驶员又可以自由地踏下加速踏板使汽车加速。

3. 智能轮胎

汽车智能轮胎的功能是在汽车正常行驶时,当温度过高或轮胎气压太低时,及时向驾驶员发出警报,以防止发生事故;或使轮胎在不同行驶条件下保持最佳运行状况,提高安全系数。智能轮胎一般都是通过在外胎内嵌入特殊的带有计算机芯片的传感器而获得智能的。传感器由车内的收发器控制,收发器利用无线电天线将无线电讯号发射至传感器芯片,传感器芯片再将承载着温度和压力数据的电子信号发射至车内的收发器,收发器接收到该信号后便可取得温度和压力等数据,若出现异常情况时能及时报警。

更为先进的智能轮胎还能感知光滑的冰面，探测出结冰路面后使轮胎自动变软，增大轮胎与路面的附着力；在探测出路面潮湿后，甚至还能自动改变轮胎的花纹，以防打滑，如图7.2.1所示。

图7.2.1　智能轮胎

4．智能玻璃

智能化汽车玻璃有许多种类：包括防光防雨玻璃、电热融雪玻璃、影像显示玻璃、防碎裂安全玻璃、调光玻璃，以及光电遮阳顶棚玻璃等。防光防雨玻璃采用新材料及新表面处理方法制造，雨水落到玻璃上会很快流走且不留水珠，无须刮水器刮水；玻璃内表面反射性低，仪表板及其他饰物不会反射到风挡玻璃上，驾驶员视线不受干扰；具有影像显示功能的玻璃，是在风挡玻璃上的某一部分涂上透明反射膜，在膜片上可根据需要显示从投影仪传来的仪表板上的图像和数据，便于驾驶员观察，驾驶员在行车时无须低头查看仪表；影像显示智能玻璃如果与红外线影像显示系统配合，可使驾驶员在雾天看清前方2千米左右的物体；光电遮阳顶棚玻璃则是在轿车行驶或停车时，能自动吸收、积聚、利用太阳能来驱动车内风扇，还可对轿车蓄电池进行连续补充充电。

5．智能安全气囊

汽车智能安全气囊是通过在普通安全气囊的基础上增加某些传感器，并改进安全气囊电子控制单元的程序来实现。增加的乘员质量传感器能感知座位上的乘员是大人还是儿童；红外线传感器能探测出座椅上是人还是物体；超声波传感器能探明乘员的存在和位置等。安全气囊电子控制单元则能根据乘员的身高、体重、所处的位置、是否系安全带以及汽车碰撞速度及碰撞程度等，及时调整气囊的膨胀时机、膨胀方向、膨胀速度及膨胀程度，以便安全气囊对乘客提供最合理和最有效的保护。

6．夜视功能

这种技术源于军用装备，在20世纪80年代中期出现，已有10年以上的实际应用历史。车上装有一个红外线摄像机，可帮助驾驶员看清在车前灯光线照射范围外的物体，该装置以汽车、动物、行人所发出的热量为电脑识别的信号，如图7.2.2所示。

任务二 汽车新技术

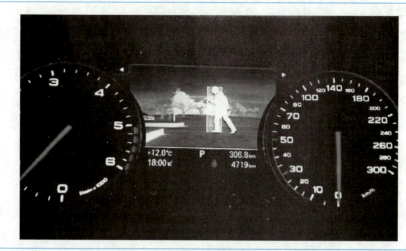

图 7.2.2 夜视功能

7．音控技术

可以让驾驶员对汽车发出语音指令，控制车内的收音机、电话和车内温度。声控技术将成为接入网络和其他各种自动服务的关键。

8．卫星电话系统

驾驶员按一个键，就可以同他人通话。这一系统主要用于紧急救援服务。它与现在的导航系统的差别是，通过一个车内手机就可以连接到报务中心。由于有全球定位系统的辅助，接线员知道你目前所处的确切位置。该系统将成为汽车的标准设备。

9．可高速踏板

驾车者可根据自己的身高和最合适的坐姿来调整高速脚控踏板。福特汽车公司今年已经开始在几种车型中提供可高速踏板。

10．车上网络系统

随着网络的普及以及人们对网络的依赖程度不断增加，上网的配套装置陆续被各大汽车制造商引用，驾驶员可以用语音指令要求播放天气预报、新闻、体育和交通状况，或者发电子邮件，甚至可在车上指示家中的微波炉开始工作，一回到家便可饱餐一顿。

11．自动车门

车钥匙也许很快就会过时，梅赛德斯公司正在开发一种电子开锁系统，能够在车主靠近车门的时候，自动辨认对方。车主只要随身携带一个电子装置，将这一系统激活即可。当车主接触车门把手时，门可以自动开锁。

12．自动导航

长途开车和外出旅行时，不必担心方向和路径，预先输入的指令将保证车子按最佳路线行驶。该系统还通过雷达使汽车同前面的车辆保持安全距离，即使是雾天也不会发生追尾事故。这样的系统已经在梅赛德斯和美洲豹车上出现。

13. 绿色能源

未来的智能汽车将启用绿色能源。其中，电动汽车将被消费者广泛接受。通用、福特、大众、戴姆勒-克莱斯勒、丰田、本田等汽车制造商都在积极研制可以利用无线电技术充电的小型电动汽车。电能将被转化成特殊的激光束或微波束，通过天线接收，使人们不必停车补充能源就可以开车环游世界。

任务三　汽车新能源

新能源汽车是指采用非常规的车用燃料作为动力来源（或使用常规的车用燃料，采用新型车载动力装置），综合车辆的动力控制和驱动方面的先进技术，形成技术原理先进，具有新技术、新结构的汽车，其废气排放量比较低。目前新能源汽车主要包括混合动力汽车（HEV）、纯电动汽车（BEV，包括太阳能汽车）、燃料电池电动汽车（FCEV）、氢发动机汽车、其他新能源（如高效储能器、二甲醚）汽车等各类别产品。

1. 混合动力汽车

混合动力是指那些采用传统燃料，同时配以电动机或发动机来改善低速动力输出和燃油消耗的车型。按照燃料种类的不同，主要可以分为汽油混合动力和柴油混合动力两种。目前国内市场上，混合动力车辆的主流是汽油混合动力，如本田新思域，如图 7.3.1 所示。

图 7.3.1　本田新思域

2. 电动汽车

电动汽车顾名思义就是主要采用电力驱动的汽车。这种车辆大部分直接采用电机驱动，有一部分车辆把电动机装在发动机舱内，也有一部分直接以车轮作为四台电动机的转子，其难点在于电力储存技术。这些车辆本身不排放污染大气的有害气体，所以除硫和微粒外，其他污染物排放将显著减少。同时由于电力可以从多种一次能源中获得，如煤、核能、水力、风力、光、热等，所以这往往解除了人们对石油资源日渐枯竭的担心。电动汽车还可以充分利用晚间用电低谷时富余的电力充电，使发电设备日夜都能充分利用，大大提高其经济效益。这种技术目前已在众多车型中运用，如宝马 MINI E，如图 7.3.2 所示。

图 7.3.2　宝马 MINI E

3. 燃料电池汽车

燃料电池汽车是指以氢气、甲醇等为燃料，通过化学反应产生电流，依靠电机驱动的汽车。其电池的能量是通过氢气和氧气的化学作用，而不是经过燃烧，直接变成电能获得的。燃料电池的化学反应过程不会产生有害物质，因此燃料电池车辆是无污染汽车。燃料电池的能量转换效率比内燃机要高 2～3 倍，因此从能源的利用和环境保护方面来说，燃料电池汽车是一种理想的车型，在公交车上得到了广泛使用，如图 7.3.3 所示。

图 7.3.3　燃料电池公共汽车

4. 氢动力汽车

氢动力汽车是一种真正实现零排放的交通工具，排放出的是纯净水，其具有无污染、零排放、储量丰富等优势，因此，从能源的角度来讲，氢动力汽车是传统动力汽车最理想的替代者。但与传统动力汽车相比，氢动力汽车成本至少高出 20%，所以目前氢动力汽车的数量极少。图 7.3.4 为雪佛兰氢动力汽车。

任务三 汽车新能源

图 7.3.4 雪佛兰氢动力汽车

5. 燃气汽车

燃气成分单一、纯度较高、能与空气均匀混合并完全燃烧,CO 和微粒的排放量较低,发动机在低温时的起动和运转性能较好。其缺点是运输性能比液体燃料差、发动机的容积效率低、着火延迟较长及动力性有所降低。这类汽车多采用双燃料系统,即一个压缩天然气或液化石油气系统和一个汽油或柴油燃烧系统,能轻易地从一个系统过渡到另一个系统,此种汽车已在世界和中国得到了推广应用,如图 7.3.5 所示。

图 7.3.5 燃气汽车

6. 空气动力汽车

利用空气作为能量载体,使用空气压缩机将空气压缩到 30MP 以上,然后储存在储气罐中。需要开动汽车时将压缩空气释放出来驱动起动马达行驶,该项目在尼桑概念车上已有使用,如图 7.3.6 所示。优点是无排放、维护少,缺点是需要电源,空气压力(能量输出)随着行驶里程加长而衰减,高压气体的安全性没有保障。

图 7.3.6 尼桑空气动力概念车

课题七 汽车展望

练一练

一、填空题

1.（　　）是指那些采用传统燃料，同时配以电动机/发动机来改善低速动力输出和燃油消耗的车型。

2.汽车智能轮胎的功能是在汽车正常行驶时，当温度（　　）或轮胎气压（　　）时，及时向驾驶员发出警报，以防止发生事故；或使轮胎在不同行驶条件下保持最佳运行状况，提高安全系数。

二、选择题

1.（　　）汽车是指以氢气、甲醇等为燃料，通过化学反应产生电流，依靠电机驱动的汽车。

A．燃料电池　　　B．氢气　　　C．超级电容　　　D．电动

2.（　　）利用飞轮的惯性储能，储存非满负载时发动机的余能以及车辆在大下坡、减速行驶时的能量，反馈到一个发电机上发电，进而驱动或加速飞轮旋转。

A．燃料电池汽车　　　　　　B．混合动力汽车
C．超级电容汽车　　　　　　D．燃气汽车

三、问答题

1.简述未来汽车的发展趋势。

2.简述电动汽车的优缺点。

附录一　车标大全

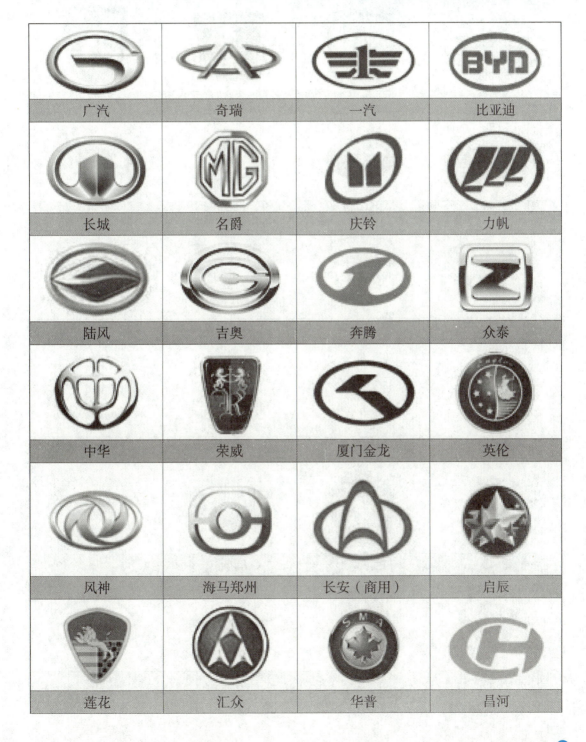

广汽	奇瑞	一汽	比亚迪
长城	名爵	庆铃	力帆
陆风	吉奥	奔腾	众泰
中华	荣威	厦门金龙	英伦
风神	海马郑州	长安（商用）	启辰
莲花	汇众	华普	昌河

附录一 车标大全

福迪	五菱	长安	中兴
吉林	威旺	纳智捷	宝骏
依维柯	解放	川汽野马	红旗
黑豹	哈飞	江铃	福田
双环	华泰	长丰	东南
海马	吉利	帝豪	江淮
东风	金杯	瑞麒	九龙

附录一 车标大全

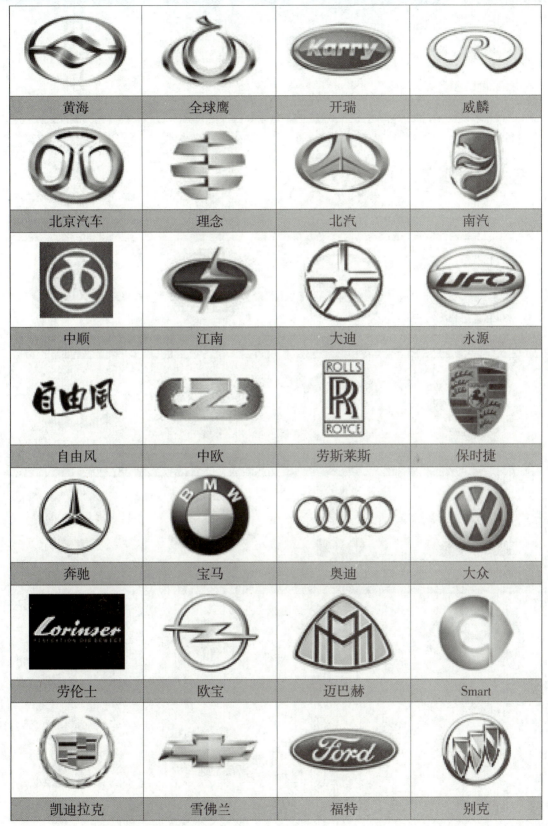

附录一　车标大全

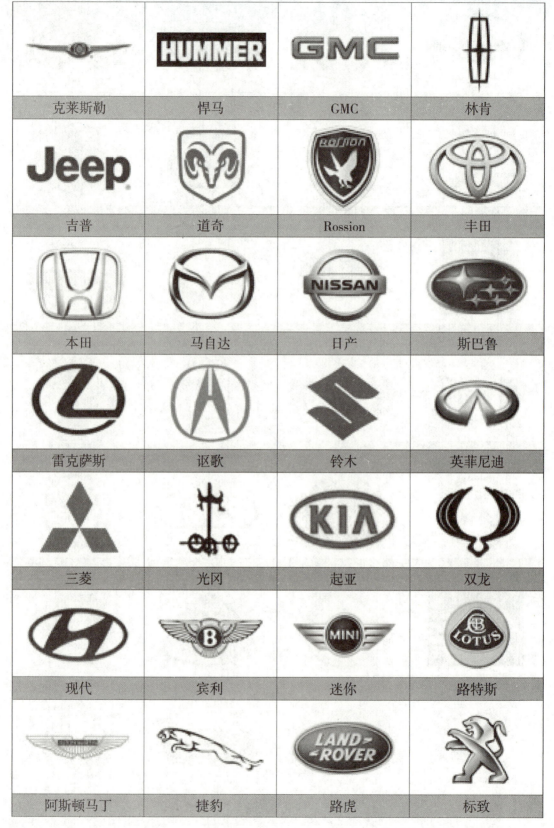

附录一 车标大全

雪铁龙	布加迪	雷诺	法拉利
玛莎拉蒂	兰博基尼	阿尔法·罗密欧	菲亚特
斯柯达	西雅特	沃尔沃	

附录二 欧洲汽车排放标准

一、轿车的欧洲汽车废气排放标准

轿车的欧洲汽车废气排放标准（类别 M_1*），克/每千米（g/km）。

表1 轿车的欧洲汽车废气排放标准

标准等级	开始实施日期	CO	THC	NMHC	NO_x	HC+NO_x	PM	P***
柴油								
欧Ⅰ	1992年7月	2.72 (3.16)	—	—	—	0.97 (1.13)	0.14 (0.18)	—
欧Ⅱ	1996年1月	1.0	—	—	—	0.7	0.08	
欧Ⅲ	2000年1月	0.64	—	—	0.50	0.56	0.05	
欧Ⅳ	2005年1月	0.50	—	—	0.25	0.30	0.025	
欧Ⅴ	2009年9月	0.500	—	—	0.180	0.230	0.005	
欧Ⅵ	2014年9月	0.500	—	—	0.080	0.170	0.005	
汽油								
欧Ⅰ	1992年7月	2.72 (3.16)	—	—	—	0.97 (1.13)	—	
欧Ⅱ	1996年1月	2.2	—	—	—	0.5	—	
欧Ⅲ	2000年1月	2.3	0.20	—	0.15	—	—	
欧Ⅳ	2005年1月	1.0	0.10	—	0.08	—	—	
欧Ⅴ	2009年9月	1.000	0.10	0.068	0.060	—	0.005**	
欧Ⅵ	2017年9月	1.000	0.10	0.068	0.060	—	0.005**	

* 在欧Ⅴ以前，重于2 500千克的轿车被归类为轻型商用车辆（light commercial vehicle）N1-Ⅰ

** 仅适用于使用直喷发动机的车辆

*** 一个数字的标准建议最早于欧Ⅵ实行

+ 括号内的数字为生产一致性（conformity of production；COP）排放限值

二、轻型商用车的欧洲汽车废气排放标准

（1）轻型商用车 ≤ 1 305 kg（light commercial vehicles）的欧洲汽车废气排放标准（类别 N1-Ⅰ），克/每千米（g/km）。

附录二 欧洲汽车排放标准

表2 轻型商用车≤1 305 kg的欧洲汽车废气排放标准

标准等级	开始实施日期	CO	THC	NMHC	NO$_x$	HC+NO$_x$	PM	P
柴油								
欧Ⅰ	1994年10月	2.72	—	—	—	0.97	0.14	—
欧Ⅱ	1998年1月	1.0	—	—	—	0.7	0.08	—
欧Ⅲ	2000年1月	0.64	—	—	0.50	0.56	0.05	—
欧Ⅳ	2005年1月	0.50	—	—	0.25	0.30	0.025	—
欧Ⅴ	2009年9月	0.500	—	—	0.180	0.230	0.005	—
欧Ⅵ	2014年9月	0.500	—	—	0.080	0.170	0.005	—
汽油								
欧Ⅰ	1994年10月	2.72	—	—	—	0.97	—	—
欧Ⅱ	1998年1月	2.2	—	—	—	0.5	—	—
欧Ⅲ	2000年1月	2.3	0.20	—	0.15	—	—	—
欧Ⅳ	2005年1月	1.0	0.10	—	0.08	—	—	—
欧Ⅴ	2009年9月	1.00	0.10	0.068	0.060	—	0.005*	—
欧Ⅵ	2014年9月	1.00	0.10	0.068	0.060	—	0.005*	—

* 仅适用于使用直喷发动机的车辆

（2）轻型商用车1 305～1 760 kg（light commercial vehicles）的欧洲汽车废气排放标准（类别N1—Ⅱ），克/每千米（g/km）。

表3 轻型商用车1 305～1 760 kg的欧洲汽车废气排放标准

标准等级	实施日期	CO	THC	NMHC	NO$_x$	HC+NO$_x$	PM	P
柴油								
欧Ⅰ	1994年10月	5.17	—	—	—	1.4	0.19	—
欧Ⅱ	1998年1月	1.25	—	—	—	1.0	0.12	—
欧Ⅲ	2001年1月	0.80	—	—	0.65	0.72	0.07	—
欧Ⅳ	2006年1月	0.63	—	—	0.33	0.39	0.04	—
欧Ⅴ	2010年9月	0.63	—	—	0.235	0.295	0.005	—
欧Ⅵ	2015年9月	0.63	—	—	0.105	0.195	0.005	—
汽油								
欧Ⅰ	1994年10月	5.17	—	—	—	1.4	—	—
欧Ⅱ	1998年1月	4.0	—	—	—	0.6	—	—
欧Ⅲ	2001年1月	4.17	0.25	—	0.18	—	—	—
欧Ⅳ	2006年1月	1.81	0.13	—	0.10	—	—	—
欧Ⅴ	2010年9月	1.81	0.13	0.090	0.075	—	0.005*	—
欧Ⅵ	2015年9月	1.81	0.13	0.090	0.075	—	0.005*	—

* 仅适用于使用直喷发动机的车辆

附录二 欧洲汽车排放标准

(3) 轻型商用车 >1 760 kg（light commercial vehicles）的欧洲汽车废气排放标准（类别 N1-Ⅲ & N2），克/每千米（g/km）。

表 4 轻型商用车 >1 760 kg 的欧洲汽车废气排放标准

标准等级	开始实施日期	CO	THC	NMHC	NO$_x$	HC+NO$_x$	PM	P
柴 油								
欧Ⅰ	1994年10月	6.9	—	—	—	1.7	0.25	—
欧Ⅱ	1998年1月	1.5	—	—	—	1.2	0.17	—
欧Ⅲ	2001年1月	0.95	—	—	0.78	0.86	0.10	—
欧Ⅳ	2006年1月	0.74	—	—	0.39	0.46	0.06	—
欧Ⅴ	2010年9月	0.74	—	—	0.280	0.350	0.005	—
欧Ⅵ	2015年9月	0.74	—	—	0.125	0.215	0.005	—
汽 油								
欧Ⅰ	1994年10月	6.9	—	—	—	1.7	—	—
欧Ⅱ	1998年1月	5.0	—	—	—	0.7	—	—
欧Ⅲ	2001年1月	5.22	0.29	—	0.21	—	—	—
欧Ⅳ	2006年1月	2.27	0.16	—	0.11	—	—	—
欧Ⅴ	2010年9月	2.27	0.160	0.108	0.082	—	0.005*	—
欧Ⅵ	2015年9月	2.27	0.160	0.108	0.082	—	0.005*	—

* 仅适用于使用直喷发动机的车辆

三、卡车和公共汽车的欧洲汽车废气排放标准

重型柴油发动机（HD Diesel Engines）的欧洲汽车废气排放标准，克/每千米（g/km）。

表 5 卡车和公共汽车的欧洲汽车废气排放标准

标准等级	开始实施日期	Emission test cycle	CO	HC	NO$_x$	PM	烟雾
欧Ⅰ	1992年，<85 kW	ECE R-49	4.5	1.1	8.0	0.612	
	1992年，>85 kW		4.5	1.1	8.0	0.36	
欧Ⅱ	1996年10月		4.0	1.1	7.0	0.25	
	1998年10月		4.0	1.1	7.0	0.15	
欧Ⅲ	1999年10月 EEVs only	ESC & ELR	1.0	0.25	2.0	0.02	0.15
	2000年10月		2.1	0.66	5.0	0.10	0.13*
	0.8						
欧Ⅳ	2005年10月	ESC & ELR	1.5	0.46	3.5	0.02	0.5
欧Ⅴ	2008年10月		1.5	0.46	2.0	0.02	0.5
欧Ⅵ	2013年1月		1.5	0.13	0.5	0.01	

* 仅适用于发动机每一汽缸容积小于 0.75 升及额定功率转速少于每分钟 3 000 次的车辆。EEV 是"环境友好汽车"

四、大型货车的欧洲汽车废气排放标准

表 6　类别 N2,EDC 的欧洲汽车废气排放标准 (2000 年后)

标准等级	实施日期	CO	NO_x	HC	PM
欧盟前期	1988—1992 年	12.3	15.8	2.6	—
欧Ⅰ	1992—1995 年	4.9	9.0	1.23	0.40
欧Ⅱ	1995—1999 年	4.0	7.0	1.1	0.15
欧Ⅲ	1999—2005 年	2.1	5.0	0.66	0.1
欧Ⅳ	2005—2008 年	1.5	3.5	0.46	0.02
欧Ⅴ	2008—2012 年	1.5	2.0	0.46	0.02

参 考 文 献

[1] 王永莲，刘新江. 汽车文化（第3版）[M]. 北京：人民交通出版社，2019.
[2] 张红伟. 汽车文化[M]. 北京：高等教育出版社，2018.
[3] 陈燕. 汽车文化概论(第二版)[M]. 北京：人民交通出版社，2018.
[4] 包丕利，邢艳云，温立志. 汽车文化[M]. 北京：清华大学出版社，2014.
[5] 李瑾来. 汽车文化[M]. 北京：北京交通大学出版社，2013.
[6] 万军海. 汽车文化[M]. 北京：人民邮电出版社，2012.
[7] 谢攀. 沧桑变迁：百年汽车品牌[M]. 北京：机械工业出版社，2007.
[8] 余志生. 汽车理论[M]. 北京：机械工业出版社，2009.
[9] 陈家瑞. 汽车构造[M]. 北京：机械工业出版社，2009.
[10] 王震坡. 现代汽车艺术鉴赏[M]. 北京：北京理工大学出版社，2008.
[11] 杨明刚. 车行天下[M]. 上海：上海文化出版社，2008.
[12] 罗永革，冯樱. 汽车设计[M]. 北京：机械工业出版社，2013.
[13] 兰巍. 汽车造型[M]. 北京：人民交通出版社，2013.
[14] 林平. 车赛：世界著名汽车赛事[M]. 北京：化学工业出版社，2013.